BENEDIKT XVI.
Leben und Auftrag

PETER SEEWALD

BENEDIKT XVI.

Leben und Auftrag

Die große Biografie in Bildern und Texten

Weltbild

Besuchen Sie uns im Internet:
www.weltbild.de

 Aus Gründen der besseren Lesbarkeit wurden die Zitate im Text der reformierten Rechtschreibung nach Duden angeglichen.

Weltbild Buchverlag
-Originalausgaben-

Verlagsgruppe Weltbild GmbH, Steinerne Furt 67, 86167 Augsburg

Konzeption: Peter Seewald
Projektleitung: Gerald Fiebig
Redaktion: Jürgen Bolz
Umschlaggestaltung, Innenlayout und Bildredaktion: Sabine Novotny, München
Layoutrealisation und Satz: avak Publikationsdesign, München
Reproduktion: Point of Media GmbH, Augsburg
Druck und Bindung: Offizin Andersen Nexö Leipzig GmbH, Zwenkau

Gedruckt auf chlorfrei gebleichtem Papier

Printed in Germany

ISBN 3-89897-474-X

Inhalt

Vorwort

Dreizehn Minuten lang hält der alte Papst bei seinem letzten öffentlichen Erscheinen am Ostersonntag 2005 am Fenster des apostolischen Palastes stand. Er will sprechen und ringt nach Worten. Aber die Stimme versagt. Immer wieder. Verzweifelt und wie zur Entschuldigung zugleich reißt er die Arme hoch. Und still und stumm zeichnet seine rechte Hand ein finales Kreuz in den Himmel, für die Stadt und den Erdkreis.

Das Weizenkorn muss sterben, heißt es in der Bibel, damit es neu ersteht. Über den langen Abschied ihres Oberhauptes musste die katholische Kirche den Wechsel des Amtes wie eine Prüfung begreifen. Eine Reinigung, um die Situation des Glaubens und die Aufgaben der Zukunft neu zu bedenken. Aber schon das Leiden dieses heiligen Johannes, der wie ein Täufer durch die Wüsten der Moderne zog, nährte gleichsam die Hoffnung auf einen Aufbruch in den neuen Frühling des Geistes, den er verheißen hatte. Mit Millionen begeisterter junger Menschen und unzähligen Initiativen, die plötzlich damit begannen, verschüttete Zugänge zu öffnen, Klima zu verändern und mit neuem Selbstbewusstsein Katholizismus wieder zum Kult zu machen – fromm und beschwingt zugleich.

Dass dem »Jahrtausendpapst« Johannes Paul II. ein Mann aus Deutschland folgte, war eine Sensation. Doch es gab bestechende Gründe, die für Joseph Ratzinger sprachen. Keiner kannte das Amt so gut wie er. Keiner hat wie er als Theologe von Weltrang so offen und intensiv die großen Themen angepackt. Er war der Mann, der die Ära Wojtylas mit geprägt hatte. Und auf geheimnisvolle Weise erfüllte sich damit auch eine Vision. Zeitlebens nämlich, so hatte der Kardinal mehrfach seine Lebenssituation bezeichnet, empfinde er sich wie »an der Tür von Ostern, allerdings noch nicht eingetreten«. Als aus einem Konklave der Einheit Benedikt XVI. hervorging, der erste Pontifex des dritten Jahrtausends, hat er die Schwelle überschritten. Die jahrzehntelangen Anfeindungen konnten dem streitbaren Kirchenführer offenbar nichts anhaben. Benedikt überzeugte durch Demut, glänzte mit Stil. Und nahezu atemberaubend wirkte, wie er quasi aus dem Stand heraus einen nahtlosen Zusammenfluss zweier Pontifikate schuf – zu einer Doppelsendung von gewaltigem Gewicht.

Der eine hatte gepflügt und gesät, könnte man sagen, der andere wird hegen und pflegen. Ein Dritter wird ernten. »Macht die Straßen frei für Jesus Christus«, so lautete denn auch Benedikts erstes großes Wort nach der Amtsübernahme. Seine zentrale Botschaft: »Wir sind nicht gesendet, damit wir uns selber und unsere Meinung verkünden, sondern das Geheimnis Christi.« Und in Erinnerung kommt dabei die immerwährende Predigt des früheren Kardinals, der zu einer »Revolution des Glaubens« aufrief: »Die Kirche muss sich von ihren Gütern trennen«, forderte er, »um ihr Gut zu bewahren.«

Es ist nicht allzu lange her, dass Studenten der katholischen Theologie in Deutschland für das Zitieren von Ratzinger-Texten von ihren Professoren gemaßregelt wurden. Als Präfekt der Glaubenskongregation, der früheren Inquisitionsbehörde, galt er vielen schon kraft seines Amtes als der Polizist des Papstes. In der Tat wurde der Kardinal zum Stachel im Fleisch einer Wohlstands- und Habsucht-Gesellschaft, die sich mehr und mehr von Gott zu trennen schien. Ein Unbequemer, der ein Joch auf sich nahm, ohne groß zu hadern. Wer aber ist dieser Mann wirklich? Wie ist es möglich, dass er binnen vierundzwanzig Stunden nach seiner Wahl ein völlig neues Image bekam? Hatte er mit den Kleidern auch sein Wesen gewechselt? Oder haben wir diesen Gotteslehrer, der so unbeirrbar wie bescheiden sein kann, nur falsch interpretiert?

Es ist das Gebot der Stunde, das Bild des früheren Kardinals einer gründlichen Revision zu unterziehen. Nicht nur, um einer großen Persönlichkeit gerecht zu werden, sondern vor allem, um vorurteilsfrei zu hören, was der Mann auf dem Stuhl Petri zu sagen hat. Das vorliegende Buch will dazu beitragen. Es zeigt die Besonderheiten einer Biografie, die den schwächlichen Buben vom Lande zum formal gesehen mächtigsten Papst aller Zeiten machte. Die Prägung durch Elternhaus und bayerische Heimat, die Erfahrung von Krieg und Terror, seine Suche nach Wahrheit, aber auch die Bereitschaft, sich mit Haut und Haar auf eine Beziehung mit Gott einzulassen. Die Liebe wurde zu seinem Leitstern. Und dass zu einer christlichen Existenz, wie er sie versteht, auch Widerspruchsgeist gehört, hat er hinlänglich unter Beweis gestellt. Auch gegen die eigene Kirche. Gegen ein banalisiertes, nichtssagendes

Christentum, das sich von seinen Wurzeln entfernt hat und nur noch möglichst bequem sein will. »Ohne die Tapferkeit des Herzens, die den Mut hat, unerschütterlich den Geistern der Zeit und der Masse zu trotzen«, so Ratzinger, »können wir den Weg zu Gott und den wahren Weg unseres Herzens nicht finden.« Der Satz stammt aus dem Jahre 1952. Damals war der heutige Papst Kaplan in München-Bogenhausen und 25 Jahre alt.

Das Amt des Hirten der Kirche hat eine Dimension, die das Wesen des Joseph Ratzinger und die Gaben, die ihm gegeben sind, nun offenbar ganz zur Geltung bringt. Der Papst ist dabei kein Politiker, sein Pontifikat kein Projekt. Es geht weder um besondere Kreativität noch um persönliche Profilierung. Nicht von ungefähr ist der Begriff der »Vorsehung« im Vokabular des neuen Pontifex ein häufig verwendetes Wort. Und demonstrativ verzichtete er bei seiner Einführung auf ein »Regierungsprogramm«. Dies stünde ohnehin längst fest, seit 2000 Jahren, um genau zu sein. Innerhalb der Kurie allerdings hat er frühere Formen belebt und gleichzeitig alte Zöpfe abgeschnitten. Als »Diener der Diener Gottes« gibt er einen Ton der Sanftmut vor, pflegt die Kollegialität der Hirten, konzentriert sein Amt auf das Wesentliche, allem voran die Wiederentdeckung der Eucharistie und die Einheit der Kirche. Und offenbar gerade durch das Zurückschneiden auf die Herzstücke gelang ihm mit der Mitgift seines großen Vorgängers, was in dieser Spanne kaum jemand für möglich hielt: die Revitalisierung von Kirche und Glauben in schwieriger Zeit.

Die Szenerie hat sich verändert. Nicht nur, dass Benedikt XVI. doppelt so viele Besucher wie sein Vorgänger anzieht. Dass seine Schriften Millionenauflagen erzielen. Dass er mit dem ihm eigenen Charisma und den Akzenten, die er setzt, auch Menschen erreicht, die bislang am Rande standen. Christlicher Glaube, als Thema und Möglichkeit lange Zeit verdrängt, steht wieder im Zentrum gesellschaftlicher Debatten, mag sich dabei auch vieles in der Euphorie des Anfangs als Strohfeuer erweisen. Auch wird die Volkskirche früherer Jahrhunderte nicht mehr zurückkommen, und die Krise des Glaubens verschwindet nicht wie eine Fata Morgana. Dafür ist der allgemeine Verlust an christlichem Bewusstsein zu weit fortgeschritten, sind die Gegenkräfte viel zu mächtig. Aber in der häufig so desolaten Situation dieser Epoche, mit ihren Kriegen und Terrortaten, der schon apokalyptisch anmutenden Zerstörung der Lebensgrundlagen, den Hochs und Tiefs zwischen übermütigem Toben und Zuständen von Depression und Angst, erweist sich Christentum nicht nur als unverzichtbarer Garant für die humanen Grundlagen der Zivilisation, sondern zuvorderst auch als ein Weg der Erkenntnis und des persönlichen Friedens.

Die Kirche selbst ist dabei längst in eine neue Bahn eingetreten: in die Phase von Katechese und Regeneration aus den Quellen ihres Ursprungs. Der Prozess ist unumkehrbar. Verbunden damit ist die Rückkehr der Leichtigkeit, die Entdeckung der Freude. Die ersten, die sich von der Freude anstecken ließen, waren die bayerischen Landsleute Benedikts. Nach dem vielen Unheil, das im 20. Jahrhundert von deutschem Boden ausging, kommt mit dem Brückenbauer aus Deutschland nun Versöhnung und Segen in die Welt, ganz so, wie es im Psalmwort verheißen ist: »Das Land gab seinen Ertrag.« Papst Benedikt zeigt: Glaube ist kein Problem, das man lösen müsste. Er ist ein Geschenk, das es neu zu entdecken gilt. »Die belebende Kraft seines Lichtes«, so der Heilige Vater, »gibt dir Mut, dich für den Aufbau einer neuen Weltordnung einzusetzen, die auf gerechte ethische und wirtschaftliche Beziehungen gegründet ist.« Die Zeit des Christentums liegt eben nicht hinter uns, mit seinen vielfach unentdeckten Dimensionen steht sie im Grunde erst bevor – nicht zuletzt im Sinne einer neuen Sensibilität für die bedrohte Schöpfung und eines ethisch fundierten Lebensstils, der wirklich Zukunft hat. Eine Massenbewegung durch Blitzumkehr ist dabei nicht zu erwarten. Aber jene, die bleiben oder zurückkommen, könnten auch für die anderen leuchten wie Sterne an einem dunkel gewordenen Firmament.

Der vormalige Professor Joseph Ratzinger schuf eine Theologie der Frömmigkeit, mit der der Christ des dritten Jahrtausends wieder Anschluss bekommt an das Denken und die Glaubenserkenntnis der Väter. Er ist bei aller Intellektualität seines Werkes jedoch jemand geblieben, der die Kirche im Dorf lässt, ein Theologe des Volkes. Dass er sich zum Lehrer berufen fühlte, war keine Täuschung. Nur hat ihm sein Schöpfer statt des kleinen Katheders an der Universität endlich die *Cathedra Petri* zugewiesen – und trotz seiner leisen Tonart damit auch eine kraftvolle Stimme, die bis an die Enden der Erde rührt. Ruhig, mit einem langen Atem und der ihm eigenen Souveränität macht sich der »Arbeiter im Weinberg des Herrn« ans Werk, das Geheimnis des Evangeliums neu zu erzählen, Christus selbst ins Licht zu rücken – in seiner ganzen mystischen Größe. »Andiamo avanti«, ruft Papst Benedikt in die Welt hinein: »Lasst uns vorangehen! Vorwärts!«

Peter Seewald
München, im September 2006

DER ERSTE PAPST DES DRITTEN JAHRTAUSENDS

30. November 2005 | **Vatikan** Der Papst trifft zu seiner wöchentlichen Generalaudienz auf dem Petersplatz ein. Sein Privatsekretär Prälat Georg Gänswein hilft ihm, den roten Umhang anzulegen.

19. April 2005 | **Vatikan** Der neu gewählte Papst Benedikt XVI. präsentiert sich den Gläubigen vom Balkon des Petersdoms. Die Wahl Joseph Ratzingers gilt als Sensation. Mit seiner Namensgebung verweist er auf den heiligen Benedikt, Erneuerer und Patron Europas.

18. April 2005
Vatikan
Die Kardinäle, die den neuen Papst wählen werden, feiern im Petersdom eine letzte Messe vor dem Beginn des Konklaves. Zelebriert wird der Gottesdienst von Joseph Kardinal Ratzinger, der als Dekan der Versammlung vorsteht.

19. April 2005
Vatikan Ein Bild, das die Selbstdeutung Benedikts XVI. veranschaulicht: Groß im Vordergrund die Petrusstatue, die die päpstliche Würde symbolisieren mag; klein auf dem Balkon zur Linken Benedikt, der »bescheidene Arbeiter im Weinberg des Herrn«.

19. April 2005 | **Vatikan** Eine gewaltige Menschenmenge hat sich auf dem Petersplatz versammelt, um den neuen Papst in seinem Amt willkommen zu heißen. Bei der Verkündung »Habemus papam – wir haben einen Papst« bricht riesiger Jubel aus.

19. April 2005 **Vatikan** Ein Bild wie von einem alten Meister: Bevor Benedikt XVI. den apostolischen Segen spricht, führen die Umstehenden Gespräche oder blicken in die Ferne – als suchten sie die Umrisse einer künftigen Kirche zu erkennen, für die der neue Papst steht.

19. April 2005 | **New York** Der weltberühmte Bildschirm auf dem Times Square übermittelt die Nachricht von der Wahl Joseph Ratzingers zum Papst – Symbol für die Bedeutung des Amtes und die anhaltende Präsenz der Kirche auch in der globalisierten Mediengesellschaft.

19. April 2005 | **Vatikan**

Auf dem Mittelbalkon des Petersdoms begrüßt Benedikt XVI. die Gläubigen, seitlich davon haben sich die Kardinäle des Konklaves aufgereiht: Wir verkünden euch eine große Freude.

30. Januar 2005 | **Vatikan** Papst Johannes Paul II. betrachtet zwei weiße Tauben, die am Ende seines Angelus-Gebets von Kindern freigelassen werden. Auf dem Gesicht des schwer kranken Papstes ist ein Lächeln zu erahnen, als die Friedenstauben in die Lüfte steigen.

29. Januar 2006 **Vatikan** Nach der langen Regierungszeit Karol Wojtylas hat sein Nachfolger den Platz am Fenster eingenommen. Die Taube, Symbol des Heiligen Geistes, bezeugt die spirituelle Kontinuität zwischen den Pontifikaten von Johannes Paul II. und Benedikt XVI.

16. Oktober 2005 | **Vatikan** Mit seinen Gesten spontaner Herzlichkeit überraschte Benedikt XVI. viele Kritiker und insbesondere die Medien, die in Joseph Kardinal Ratzinger vor allem einen strengen Funktionär kirchlicher Macht gesehen hatten.

2. Oktober 2005 | **Vatikan** Bei der Messe anlässlich der Eröffnung der Weltbischofssynode spendet Papst Benedikt XVI. einer jungen Nonne die Kommunion. In der Neuentdeckung der Geheimnisse der heiligen Eucharistie sieht er die zentrale Aufgabe seines Amtes.

3. Oktober 2005 | **Vatikan** Über 250 Bischöfe, Kardinäle, Ordensvorsteher und »brüderliche Delegierte« anderer Kirchen aus 118 Ländern verfolgen die Ansprache, mit der Benedikt XVI. die Weltbischofssynode eröffnet.

3. Oktober 2005 | **Vatikan** Erstmals auf einer Bischofssynode beteiligt sich ein Papst selbst an der Aussprache. Benedikt XVI. führte dabei die »freie Debatte« ein, um in »heilsamer Unruhe« kontrovers zu diskutieren.

28. Mai 2006 | **Oswiecim** Auf seiner Reise nach Polen trifft Papst Benedikt XVI. vor der sogenannten Todesmauer im ehemaligen deutschen Vernichtungslager Auschwitz-Birkenau mit ehemaligen Häftlingen des Lagers zusammen: »Vergebung und Versöhnung«.

28. Mai 2006

Oswiecim

Während der Papst auf dem Gelände des ehemaligen Lagers Auschwitz-Birkenau für die Opfer des nationalsozialistischen Terrors betet, zeigt sich am Himmel ein Regenbogen.

Mai 2001 | **Vatikan** »Der Wind weht, wo er will« (Johannes 3,8): Joseph Ratzinger (links) im Kreise von Kardinalskollegen auf dem Gelände des Vatikans: »Das Papstamt ist nur auszuüben in Verbindung mit einer inneren Erneuerung, der ich mich hingeben möchte.«

21. Juli 2005
Montblanc

Papst Benedikt XVI. auf dem höchsten Gipfel Europas. Wie sein Vorgänger Johannes Paul II. verbringt der Papst seinen Sommerurlaub in einem Chalet im Aostatal, das unterhalb des Montblanc-Massivs liegt.

20. August 2005 | **Kerpen** Auf dem Marienfeld nahe Kerpen bei Köln versammelten sich im Rahmen des Weltjugendtags mit 1,1 Millionen Teilnehmern so viele Menschen wie nie zuvor in Deutschland, um gemeinsam mit dem Papst eine Messe zu feiern.

18. August 2005 | **Köln** Junge Menschen aus Afrika und Lateinamerika begleiten den Papst bei der Eröffnung des Weltjugendtages. Sein erster Deutschlandbesuch brachte viele Vorurteile zum Einsturz und offenbarte ein eigenes Charisma zwischen Demut und Intellektualität.

16. Oktober 2005 | **Vatikan** Fast 150 000 Menschen aus aller Welt sind zugegen, als Papst Benedikt XVI. die Stufen des Petersdoms hinaufschreitet, um das Fest für die Jugend zu eröffnen: »Gott ist nicht ewige Einsamkeit, sondern ein Kreis der Liebe in Hingabe und Zurückschenken.«

16. Oktober 2005 | **Vatikan** »Die Jugend will das Große«, verkündet der Pontifex, »sie will das Gute. Und deswegen ist die Jugend auch wieder ganz offen für Christus.«

8. Juni 2005 | **Vatikan** Der Papst grüßt Pilger mit einer Geste voller Wärme und Fröhlichkeit: »Habt keine Angst vor Christus! Er nimmt nichts weg, sondern gibt alles. Wer sich ihm hingibt, erlangt das Hundertfache zurück.«

3. August 2005
Vatikan Ein prüfender, aber freundlicher Blick trifft den Betrachter dieses Bildes, das während einer Generalaudienz entstand: »Je näher der Mensch Gott ist, desto näher ist er am Menschen.«

14. November 2005 | **Vatikan** Zwei Facetten einer öffentlichen Persönlichkeit: Hier der Papst mit Pilgern, die zu einer Generalaudienz angereist sind: »Auch diejenigen, die im Glauben und im christlichen Leben schwach sind, sind Teil der kirchlichen Struktur und zählen dazu.«

21. September 2005 | **Castel Gandolfo** Hier hat sich Benedikt XVI. mit seinem Brevier zum stillen Gebet in seine Privatkapelle in der päpstlichen Sommerresidenz in Castel Gandolfo zurückgezogen: »Wir sind Priester, um den anderen zu dienen.«

14. September 2005 | **Vatikan** Benedikt XVI. nach einer seiner Generalaudienzen: »Gott sucht Menschen, die seinen Frieden weitertragen. Bitten wir ihn, dass er unser Herz nicht verschlossen findet.«

24. Dezember 2005
Vatikan Gegen 18.30 Uhr am Heiligen Abend zeigt sich der Papst an seinem Fenster hoch über dem Petersplatz und zündet ein Licht an – Symbol für »das wahre Licht, das jeden Menschen erleuchtet«, und das durch Christi Geburt in die Welt kam.

27. Mai 2006 | **Krakau** Der Papst ruft seine Gemeinde zu Christus: »Und die er berufen hat, hat er auch gerecht gemacht; die er aber gerecht gemacht hat, die hat er auch verherrlicht.« (Röm 8,30)

28. Mai 2006 | **Krakau** Eine Gruppe polnischer Nonnen beobachtet das Eintreffen des Papstes zu einer Messe unter freiem Himmel im Krakauer Blonie-Park. Während seiner Reise versicherte der Papst den Gläubigen, er bete für eine baldige Heiligsprechung Johannes Pauls II.

26. Mai 2006 **Warschau** Trotz heftiger Regenfälle fanden sich zahlreiche Menschen auf dem Pilsudski-Platz ein, um mit Papst Benedikt XVI. die heilige Messe zu feiern. Während der Papst ein Weihrauchfass schwenkt, hält ein Messdiener einen Regenschirm über ihn.

15. Mai 2005 | **Vatikan** Während einer Messe im Petersdom weiht der Heilige Vater 21 Männer zu Priestern, die sich zum Gebet vor dem Altar niedergeworfen haben: »Wir brauchen eine Revolution des Glaubens.«

19. Mai 2005 | **Vatikan** Weiß leuchtet das Gewand des Papstes aus dem Dunkel des Saales hervor, als Benedikt XVI. einer Aufführung des Spielfilms »Karol – Ein Mann, der Papst wurde« von Giacomo Battiato beiwohnt. Er erzählt das Leben Karol Wojtylas bis zu seiner Wahl zum Papst.

30. März 2006 | **Vatikan** Ein knappes Jahr später wird der zweite Teil des Films gezeigt, der sich mit dem Pontifikat Johannes Pauls II. befasst: »Karol – Ein Papst, der Mensch geblieben ist«. Benedikt XVI. ist sichtlich ergriffen von der Erinnerung an den verstorbenen Freund.

2005 | **Rom** Beim Flug über Rom blickt der Papst hinab auf die Ewige Stadt und auf seinen Amtssitz, den Vatikan. Der Blick geht bis zum Horizont – ein Bild für die weltumspannende katholische Kirche mit mehr als einer Milliarde Angehörigen.

29. Mai 2005 | **Bari** Mit dem Hubschrauber fliegt Benedikt XVI. zum Abschlussgottesdienst des 24. Nationalen Eucharistischen Kongresses im süditalienischen Bari ein. Es ist der erste Pastoralbesuch des Papstes außerhalb Roms: »Die Kirche lebt, und die Kirche ist jung.«

In den Schuhen des Fischers

DAS ERSTE PONTIFIKAT DES DRITTEN JAHRTAUSENDS ALS KATECHESE ZUR ERNEUERUNG VON KIRCHE UND GLAUBEN

Von den Kolonnaden eilen verspätete Kleriker über das Pflaster, dürre Kapläne in langen Soutanen, die, so scheint es, fluchtartig ihre Schreibtische verließen. Der römische Herbstwind schiebt blassblaue Wolken über den Himmel. Und wenn er das Plätschern der Bernini-Brunnen hört, möchte er am liebsten selbst hinuntereilen und dieses Pflaster spüren und den ganzen Raum, der die unvergleichliche Atmosphäre schafft, schöner als irgendwo anders auf der Welt.

Der Papst dreht sich vom Fenster weg. Vielleicht wird er noch einen kleinen Spaziergang durch den Dachgarten unternehmen oder die Hauskapelle aufsuchen, um im Brevier zu lesen oder einem Gedanken nachzuhängen, der seit Langem in ihm gärt. Die beiden Privatsekretäre haben sich in ihre Zimmer zurückgezogen. Sie werden wohl bis spät in die Nacht E-Mails beantworten, der Deutsche Georg Gänswein und der Ukrainer Mieczyslaw Mokrzycki. Kammerherr Paolo Gabriele hat bereits Dienstschluss, Carmela und Loredana von den *Memores Domine* putzen und nähen in den hinteren Zimmern noch an seiner Garderobe. Mein Gott, früher genügten ihm zumeist der einfache Priesteranzug und der abgewetzte schwarze Pullover, von dem er sich so schwer trennte. Aber auch an die neue Kleiderordnung wird er sich gewöhnen. »Ich fange allmählich an«, hatte er Reportern zugerufen, »mein Handwerk zu lernen.« Das war, als er bereits seit gut einem Jahr auf dem Stuhl des heiligen Petrus saß.

Der Beginn hatte Kraft gekostet. Seine Statur war darüber ein wenig buckliger geworden, der Händedruck noch weicher als zuvor, das Lächeln milder. Lange Zeit wurde er ein wenig verlegen, wenn ihn jemand mit »Heiliger Vater« oder »Heiligkeit« ansprach. Er zuckte zurück, sobald man zum höfischen Handkuss ansetzte, den er eigentlich abgeschafft hatte. Oder er sprang, ganz gegen das Protokoll, vom Stuhl auf, als ob er nicht würdig sei, zu sitzen. Wie in der Synagoge von Köln, als man ihm stehend applaudierte. »Juden und Christen müssen einander respektieren«, hatte er gesagt, um dann, abweichend vom Manuskript, hinzuzufügen: »Und lieben.« Aber liegt nicht auch ein neuer Zug über dem Gesicht? Die Aura des Amtes, hieß es, gebe ihm einen Nimbus von Heiligkeit. Zumindest scheint ein gewisser Schleier verschwunden, der ihn früher verdeckte.

Noch immer kann er über sich lachen. Über das kleine Missgeschick, als er bei der Weltbischofssynode vergaß, das Mikrofon auszuschalten. »Um sechzehn Uhr habe ich leider einen Termin beim Zahnarzt«, schallte seine hohe Stimme durch den Saal. Bei der Ankunft beim Weltjugendtag in Köln hatte ihm der Wind den Schulterumhang ins Gesicht geweht. Nun sah er aus wie jene Vogelscheuchen, die man früher, in seiner Heimat auf dem Land, zur Abschreckung diebischer Elemente auf die Felder pflanzte. Die Jugendlichen am Flughafen fanden es »cool«, und er fand das dann auch, und er mochte es zunehmend, wenn sie ihre La-Ola-Wellen schlugen und ihr so übermütiges »Be-ne-det-to« aufbrauste.

Nie wollte er sein, wo er nun ist. Mehrfach hatte er seinen Rücktritt eingereicht. Er träumte von einem »ruhigen Ausklang meiner Tage«, um sich endlich den theologischen Studien zu widmen, seiner x-mal hinausgeschobenen Christologie. Warum war ihm nicht aufgefallen, dass viele seiner Kollegen ihm offenbar schon zu Beginn des Konklaves im Geiste die weiße Soutane überzogen, um zu sehen, wie er sich darin machte? Alles war »zu meinem Schrecken« erfolgt, gab er hinterher zu Protokoll. Wie ein »Fallbeil« habe er diese Entwicklung auf sich zukommen sehen. Kein schöner Ausdruck eigentlich für das Wirken des Geistes. Schließlich habe er »mit tiefer Überzeugung« den Herrn angefleht: »Tu mir dies nicht an!« Ausgerechnet ihm, einer »armseligen Person«, wie er sich nannte. »Betet für mich«, so sagt er nun, »dass ich nicht furchtsam vor den Wölfen fliehe.«

Vielleicht war das Gefühl des Eingesperrtseins in den ersten Wochen die größte Pein von allen. Nicht mehr einfach so spazieren gehen zu können – seine große Passion. Nicht in sein Haus bei Regensburg zu dürfen, das er so mochte. Andererseits hatte er sich oft genug schon aus dem Staub gemacht, unerkannt in einen schwarzen Umhang gehüllt, um für einige Stunden in seiner früheren Wohnung zu sein. Er liebte diese schelmischen Ausbrüche aus der Welt des strengen Protokolls, die unvermutete Kühnheit. Oder auch die gezielten Spitzen. »Ich bin nicht befugt«, pflegte er Feministinnen zu antworten, »aus dem ›Vaterunser‹ ein ›Mutterunser‹ zu machen.« Nein, die geheimen Ausflüge wird er sich nicht nehmen lassen. Mögen die Sekretäre noch so zetern. Da steht er dann plötzlich vor der Tür eines früheren Mitarbeiters, lässt sich Kartoffeln braten und lauscht über die fantastische CD-Anlage entspannt seiner Lieblingsmusik, Mozart, Bach und Palestrina.

Ein Papst muss früh aufstehen, das ist für jemanden, der viel Schlaf braucht, ein Problem. Stundenlanges Studium der Akten. Dann die unzähligen Dossiers, die ihm sein Stab über die schrecklichen Präsidenten zusammenstellt, die er nun gleich in Audienz empfangen soll, möglichst freundlich natürlich. Im zweihundertköpfigen Staatssekretariat gehen Zigtausende von Vorschlägen, Anträgen und Bittgesuchen ein. Täglich soll er zu irgendeinem neuen Fall von Terror oder den Feindseligkeiten in Nahost Stellung nehmen, wo er »im Namen Gottes« appelliert, sofort die Waffen schweigen zu lassen, denn man könne niemals »mit den Mitteln der Gewalt die Gerechtigkeit wiederherstellen, eine neue Ordnung schaffen und wirklich Frieden aufrichten«.

Täglich empfängt er andere Minister, posiert mit First Ladies, trifft Muslime aus den USA und Rabbis aus Israel. An ein und demselben Tag folgt nach der Akkreditierung des neuen Botschafters des Königreichs Marokko der Ad-Limina-Besuch der Bischöfe der »Bischofskonferenz von Senegal-Mauretanien-Kapverden-Guinea-Bissau« – und möglicherweise noch die Eröffnung eines Kongresses der »Päpstlichen Akademie für das Leben« (»Gott liebt auch den Embryo«). Einmal gibt er italienischen Kindern Kommunionunterricht, dann besucht er Kranke im Spital, tauft als Bischof von Rom Neugeborene in der Sixtinischen Kapelle. Er predigt beim Empfang der Vollversammlung der Glaubenskongregation, dass es zwischen Vernunft und Religion nicht den geringsten Konkurrenzkampf gebe; er ruft am »Welttag der Migranten« dazu auf, jede Form von Diskriminierung und Ungerechtigkeit zu überwinden (»denn jeder ist ein Abbild Gottes«), um schließlich beim Empfang des Oberrabbiners von Rom das Wiederaufleben des Antisemitismus zu verurteilen: »Wir können aufgrund der Väter nicht anders, als euch zu lieben: Für sie seid ihr unsere geliebten und auserwählten Brüder.«

Stundenlang kann er konzentriert an einem Schreibtisch sitzen, nahezu bewegungslos. Zwischendurch knabbert er an einer Hanuta-Schokowaffel, trinkt Tee mit viel Zucker und Zitrone. Sein effektiver Stil und der disziplinierte Umgang mit Zeit halfen ihm, im Chaos der ersten Monate ein schier uferloses Programm zu bewältigen. Denn wie gewaltig die Dimensionen dieses Amtes wirklich sind, zu dem es nichts Vergleichbares gibt, hatte nicht einmal er sich vorstellen können. Karol war achtundfünfzig, als er die größte globale Organisation der Menschheit übernahm, er dagegen achtundsiebzig und von Statur nicht unbedingt ein Herkules. »In ziemlich schlechtem Gesundheitszustand übrigens«, so notierte er fast schon stereotyp, wenn es früher eine neue Aufgabe anzutreten galt, ob an der Universität oder als Bischof. Nach einer Reise mit Studenten war er tagelang erschöpft. Aber hatte er nicht allen Grund dazu? Als Zweijähriger hing sein Leben an einem seidenen Faden, als er knapp eine Diphtherie-Erkrankung überlebte. Dann die zweite Todeserfahrung, wenig später, als er in einem Weiher zu ertrinken drohte. Noch beim Eintritt ins Internat bescheinigte ihm ein ärztliches Zeugnis »mäßiges Untergewicht«. Als Flakhelfer überstand er einen Bombenangriff auf seine Stellung, bei dem es Tote und Verletzte gab. Als Siebzehnjährigen heilte ihn die Mutter mit allerhand Tinkturen von einer gefährlichen Blutvergiftung. Sie kam von einem riesigen Schnitt quer durch den linken Daumen, den der Militärarzt schon amputieren wollte. Noch in den letzten Kriegstagen entging er wie durch ein Wunder der Verhaftung als Deserteur. Sie hätte sein sicheres Todesurteil bedeutet. In den Neunzigerjahren schließlich überlebte er eine Gehirnblutung und einen Schlaganfall, durch den er das Bewusstsein verlor und mit dem Kopf auf die Kante eines Heizkörpers schlug.

Wie viel Zeit wird ihm bleiben? Und wer wird nach ihm kommen, falls überhaupt noch einer kommt? Karol wurde nach Petrus und Pius IX. der am drittlängsten amtierende Papst der Geschichte. Aber Karol war jung, und Karol war Pole. Die Verweildauer der bislang sieben Deutschen auf dem Stuhl Petri hingegen ist nicht sonderlich imposant. Zusammen kamen sie auf gerade mal dreizehneinhalb Jahre, exakt die Hälfte der Amtszeit Wojtylas.

Jeden Tag denkt er nun an den Vorgänger. Jeden Tag spricht er mit ihm. »Ich stehe in ständigem Dialog mit Johannes Paul II.«, hatte er öffentlich bekundet. Niemand hatte ihm derartige Bekenntnisse zugetraut. »Ich höre ihn, und ich sehe ihn sprechen«, sagte er über Wojtyla, »wir sind nahe beieinander, in einer neuen Art, in einer sehr tief gehenden Art.« Er hatte gespürt – schon bei seiner ersten Messe als Papst in der Sixtinischen Kapelle –, »wie er seinen Arm auf meinen Arm legt«. Ganz so, als sagte er: »Hab keine Angst.« Christsein hieß für Wojtyla, gegen den Strom zu schwimmen. Von keiner anderen Macht zu beeindrucken als vom Allmächtigen selbst, dem Gott der Barmherzigkeit. Karol Wojtyla, so hatte Benedikt ihn gewürdigt, habe eine »neue Sensibilität für moralische Werte« geschaffen; er habe »uns in einer von Hass und Gewalt erfüllten Welt wieder gelehrt zu lieben und für andere Menschen zu leiden; er hat uns sozusagen in seiner Person den Erlöser, die Erlösung gezeigt«. Und wenn nun die Linie Johannes Pauls II. so offenkundig von Heiligkeit durchwirkt war – konnte es dann noch Zweifel daran geben, dass sie richtig ist?

In der kämpferischen Haltung stand er dem Polen nicht nach. Fast schon penetrant forderte er Aufbruch und Widerstand, Umkehr zu einem neuen, unangepassten Lebensstil. Wenn die Maßstäbe des Richtig und Falsch außer Kraft gesetzt würden, versinke eine Gesellschaft zwangsläufig in Beliebigkeit. Lüge und Betrug würden zu allgemein tolerierten Verhaltensweisen. Er verspürte einen gewissen Ekel vor dem Allzugewöhnlichen, der Feigheit der Angepassten, der billigen Lüge, wie Sartre sie beschrieben hatte. »Die Gesellschaft hasst uns«, sagte er dann, »weil wir ihr im Wege stehen.« Gleichwohl hatte er auch von einer »Wohlfühlkirche« gesprochen, die sich eingehaust und es sich bequem gemacht hat.

Stillschweigend schaffte er nach seiner Einsetzung den Handkuss ab, Relikt einer höfischen Etikette. Bald nahm er die Tiara aus dem päpstlichen Wappen, Symbol für die auch weltliche Macht seines Thrones, um sie durch eine einfache Bischofsmütze zu ersetzen.

Beim Jugendtag in Köln staunte die Welt über einen Papst, der Hand in Hand mit Afrikanern und Asiaten durch die Straßen spazierte und von der »Revolution Gottes« sprach. Niemals zuvor versammelten sich in Deutschland so viele Menschen im Zeichen des Glaubens, Tausende von ihnen standen bei seiner Fahrt auf dem Rhein am Ufer bis über die Knie im Wasser – beeindruckt von den feinen Gesten dieses Hirten und der Tiefe seiner Gedanken.

In Rom applaudierte die Synode der Bischöfe der neuen Kultur der Debatte, die es vorher nicht gegeben hatte. Und bei der Veröffentlichung seiner Antrittsenzyklika feierten die Beobachter mit Erstaunen sein Leitthema, »Deus caritas est«, Gott ist Liebe.

Bald kam die Reise nach Polen mit dem Besuch in Auschwitz. Man hatte ihn offenbar nicht gleich verstanden bei seinen leisen Tönen, die medial so schwer zu transportieren sind. Er sei mit leeren Händen gekommen, erregten sich Journalisten, die einen Papst als Kult und sein Handeln als Politikum betrachten, das auf zählbare Ergebnisse zielt.

War es nicht wie am See Genezareth? Als Jesus den Großteil seiner Jünger verlor, weil er nach der wunderbaren Brotvermehrung der Versuchung widerstand, etwas anderes als die Botschaft vom Reich Gottes zu verkünden?

Dem Papst ging es in Auschwitz nicht um ein politisches Ritual. An diesem Platz wollte er *nur* um »Vergebung und Versöhnung« bitten. Anders sei Zukunft nicht möglich. »Wir Menschen können das Geheimnis der Geschichte nicht lösen«, hatte er immer wieder betont. Der Herr habe »am Kreuz gesiegt«, nirgendwo sonst. Es sei die besondere Weise Gottes, der Gewalt genau das Gegenteil gegenüberzustellen: die Liebe bis zum Ende. Dies sei »eine Art zu siegen, die uns sehr langsam erscheint, doch es ist die wahre Art, das Böse zu besiegen, die Gewalt zu besiegen«. Gerade deshalb sei das Antlitz Christi unverzichtbar, »damit wir das wahre Antlitz Gottes kennen, und damit wir auf diese Weise Versöhnung und Licht in diese Welt bringen«. Und als der Regenbogen über der

Kulisse von Stacheldraht und Todeszellen plötzlich vom Himmel auf die Erde griff, war es, als habe ein Zeichen des Segens die Worte bekräftigt.

Die Wahl des Nachfolgers des großen Johannes Paul II. musste wirken wie eine einzige Provokation. Ein vormaliger »Großinquisitor« als Stellvertreter Christi? Der angeblich so menschenscheue Intellektuelle auf dem Stuhl des Menschenfischers? Und dann auch noch jemand aus dem Land der Kirchenspaltung und des Naziterrors.

Es schien in der Tat unmöglich, dass ein Nachfolger, und erst recht dieser, an die Erfolge von Johannes Paul II. anknüpfen könnte. Doch schon die Einkleidung brachte eine erste Überraschung. Im »Zimmer der Tränen«, dem Ankleideraum neben der Sixtinischen Kapelle, lagen drei Gewänder bereit. Eines lang, eines breit, eines für Untersetzte. Aber seltsam, die Papstkleider waren dem kleinen Mann aus Bayern nicht etwa zu groß, sondern zu klein. Und als er mit zaghaften Schritten auf den Balkon des Petersdoms trat, um sich als Benedikt XVI. dem Volk Gottes zu präsentieren, brach unbeschreiblicher Jubel aus.

Habemus papam. Nach dem »großen Papst Johannes Paul II.«, so beginnt der neue Pontifex mit hörbarer Erschöpfung in der Stimme, »hat Gott einen einfachen, demütigen Arbeiter im Weinberg des Herrn« auserwählt. Es tröste ihn, dass der Herr auch »mit unzureichenden Instrumenten« zu arbeiten wisse, und so »vertraue ich mich euren Gebeten an«. Vierundzwanzig Stunden später stürmen Millionen von Menschen weltweit die Buchläden, um sich nun über Lektüre seiner zahlreichen Bücher endlich selbst ein Bild zu machen – Auslöser für den wohl größten Glaubens-Crashkurs aller Zeiten. »Er ist brillant, brillant, brillant«, jubelte Erzbischof Oscar Cruz in Manila. »Viele werden froh sein«, so die niederländische Zeitung *Trouw,* »dass in dieser Zeit der Düsternis und des Zweifels die Schlüssel von Petrus wieder in felsenfesten Händen liegen.« In der Münchener Frauenkirche, dem früheren Bischofssitz Ratzingers, ließ Weihbischof Engelbert Siebler umgehend aus dem Buch Ezechiel lesen: »So kümmere ich mich um deine Schafe und hole sie zurück von dort, wohin sie sich verirrt haben.«

Jahrzehntelang war es der katholischen Kirche in Westeuropa in kaum einem Punkt gelungen, die Defensive zu verlassen, nach einer Epoche des Niedergangs hat sie nun ihre Talsohle durchschritten. Verschwunden die alte Muffigkeit, verstummt die notorischen Gegner. Es ist, als habe sich förmlich über Nacht ein neuer Geist eingestellt. Sogar der alteingefleischte antirömische Komplex schien sich ins Nichts verflüchtigt zu haben, um der Hoffnung und Freude und einer neuen Authentizität des Glaubens zu weichen. Zeichen einer Zeitenwende: Denn während Johannes Paul II., der Papst zwischen den Jahrhunderten, noch die Aufgabe hatte, die größte Glaubensgemeinschaft der Welt möglichst heil über die Schwelle zu bringen, betritt der erste Papst des dritten Jahrtausends die Bühne dieser Welt, um einen Beginn zu manifestieren, eben jenen »Frühling des menschlichen Geistes«, den sein Vorgänger weit vor der Zeit verheißen hat. Paradox: Der jüngste Nachfolger Petri ist nun bald selbst ein Greis, aber mit der benediktinischen Ära beginnt die katholische Kirche ihre wahre Reform, eine Kernsanierung der Fundamente. Es ist der Rückbau zu den Wurzeln – der einfachen Botschaft des Evangeliums – und zur Wiedervereinigung des Christentums. »Wir arbeiten nicht«, so macht der neue Pontifex deutlich, »um eine Macht zu verteidigen; in Wahrheit arbeiten wir, damit die Straßen der Welt offen sind für Christus.«

Der eine hat gepflügt und gesät, der andere wird nun hegen und pflegen – und zurückschneiden. Ganz nach jenem uralten Rezept der Benediktiner, das so viel Segen einbrachte: *Succisa verescit* – zurückgeschnitten grünt es immer wieder neu. So viel Anfang war selten: Noch niemals gab es einen Nachfolger Petri, der bereits das vorhergehende Pontifikat über einen so langen Zeitraum und so entschieden mitgeprägt hatte. Noch nie einen, der quasi über Nacht eine zuvor völlig undenkbare Anziehungskraft entwickelt hat. Noch nie einen, der in den Schuhen des Fischers auch als Theologe und Intellektueller von Weltgeltung besticht. Und wohl noch niemals auch erlebte die Welt einen so harmonischen Gleichklang zweier aufeinanderfolgender Pontifikate – just in einer Konstellation der Kirchengeschichte, in der die christliche Religion durch ihre Werte und Traditionen als gesellschaftliche Alternative neu fasziniert. Mit dem Intellektuellen auf dem Stuhl Petri zerbricht nicht nur das Meinungsmonopol der Gegenkräfte. »Er ist der Papst«, so der renommierte liberale Münchener Theologe Eugen Biser, der »den Gedanken der Stellvertretung in die Mitte seines Pontifikats stellt. Er ist nicht der Chef der Kirche, nicht das Kultobjekt Kirche. Er steht anstelle eines anderen, der allein geliebt und an den geglaubt werden muss.« Damit beginne, so Biser, der Benedikt XVI. bereits als »einen der bedeutendsten Päpste der Geschichte« bezeichnet, »eine Kirche, bei der der Glaube nicht nur in der Akzeptanz von Dogmen besteht, sondern als Einladung zur Gotteserfahrung verstanden wird. Eine Kirche, bei der Christus in den Herzen der Menschen wohnt«.

Bevor das neue Kirchenoberhaupt den Fischerring überstreifte, Signum für Auftrag und Würde des Petrus-Dienstes, trug Ratzinger einen Ring mit einem Phönix-Symbol, und fast schon erinnert er nun als Papst selbst an die mythische Figur, die der antiken Überlieferung nach aus ihrer eigenen Asche aufsteigt und alle fünfhundert Jahre wiederkehrt. Der griechische Historiker Herodot beschrieb ihn als »heilig«, den Ägyptern galt er als Symbol für einen großen astronomischen Zeitumlauf und für Auferstehung, ein Bild, das christliche Schriftsteller früh übernahmen. Tatsächlich waren knapp fünfhundert Jahre vergangen, seitdem der letzte Deutsche auf dem Stuhl Petri regierte. Seiner Ära folgte die Spaltung der Reformation, das westliche Schisma. Weitere fünfhundert Jahre zurück war es ebenfalls ein Deutscher, Leo IX., der einer Kirchenspaltung vorherging, dem östlichen Schisma. Demonstrativ legte mit Benedikt XVI. nun erstmals seit tausend Jahren wieder ein Papst das Schulterband mit *roten* anstatt der schwarzen Kreuze um, Zeichen für das Ziel einer neuen Einheit der Kirche – letztmals getragen von eben jenem deutschen Pontifex Leo IX., an dessen Gedenktag am 19. April Joseph Ratzinger in die Schuhe des Fischers schlüpfte: als »Benedictus«, der Gesegnete.

Die Wahl des früheren Bischofs von München mag sensationell erschienen sein, bei genauerem Hinsehen gab es gute Gründe, die für den Deutschen sprachen: Joseph Ratzinger hat wie sein Vorgänger die Erfahrung einer atheistischen Diktatur hinter sich, er erlebte Aufstieg und Niedergang der Moderne, war maßgeblich beteiligt an der Gestaltung des Konzils, dessen Auslegung er nun zweifellos endgültig besiegeln wird. Als Präfekt der Glaubenskongregation blickt er auf eine außergewöhnlich lange Dienstzeit im Zentrum des katholischen Universums zurück. Niemand in der Kurie verfügte dabei über eine größere Akzeptanz, mögen viele der Bischofskollegen auch mit ihm gestritten haben. Am Ende bezweifelte man weder seine theologische Autorität noch die kirchenpolitische Wegweisung. Denn keiner hat wie Joseph Ratzinger die Themen der Moderne verarbeitet und Antwort gegeben. Ob zum Verhältnis von Religion und Politik, von Vernunft und Glauben oder zu den Problemen der an ihre ethischen Grenzen gestoßenen modernen Wissenschaften. Durch seine Fähigkeit, komplexe Verhältnisse zu erfassen und gleichzeitig eine Struktur anzubieten, die Dinge wieder ins Lot zu bringen, erschien er der Versammlung in der Sixtinischen Kapelle nachgerade als Mann der Stunde.

Das Konklave hatte gesprochen, und die Kardinäle zeigten sich beeindruckt. »In Papst Ratzinger«, so Giovanni Battista Re, Präfekt der Kongregation für die Bischöfe, »vereinen sich Kraft und intellektuelle Strenge mit großer Menschlichkeit und bescheidenem Auftreten.« Er habe längst bewiesen, dass er »ein großer Zeuge der Wahrheit über Gott und über den Menschen ist, ohne sich jemals von den wechselnden Moden mitreißen zu lassen«. Während Johannes Paul II. ein Mystiker und Philosoph gewesen sei, »überwiegt bei Benedikt XVI. eine in der Tradition der Kirchenväter verwurzelte Spiritualität und eine starke theologische Dimension«.

Kardinal Paul Shan Kuo-hsi, Bischof in Taiwan, empfand, Ratzinger habe »überaus klare Vorstellungen, was genau das ist, was die Kirche und die ganze Menschheit brauchen; es gibt zu viel Verwirrung, und der Papst kann ein Licht anbieten, nicht das seine, sondern das des Herrn, Jesus Christus«. Er persönlich, so Kardinal Alfonso López Trujillo, habe zwanzig Jahre lang Gelegenheit gehabt, »die großen menschlichen und geistlichen Gaben des neuen Papstes zu bewundern. Sein einfaches, demütiges, ausgeglichenes Auftreten. Seine Fähigkeit, zuzuhören. Seine geduldige Aufgeschlossenheit für den Dialog.«

»Ich glaube, dass uns, als wir ihm so zuhören, ihn so betrachten konnten«, berichtet Kardinal Theodore Edgar McCarrick, der Erzbischof von Washington, aus dem Konklave, »wieder bewusst wurde, dass er nicht nur ein großer Theologe ist, sondern ein Mann des Glaubens.« Ratzinger habe in der Zeit der Sedisvakanz »durch seine Güte und seine Heiligkeit« deutlich gemacht, »welche außergewöhnlichen Gaben er uns in diesen langen Jahren an der Seite von Papst Johannes Paul II. bereits geschenkt hatte. In der heutigen Welt scheint er die Kraft und die Gnade zu besitzen, die notwendig sind, um uns in der kommenden Zeit zu führen. Das ist der Grund, warum wir alle geglaubt haben, dass der Heilige Geist gesagt hat: Das ist euer Mann, wählt ihn, folgt ihm und freut euch, dass ich euch dieses neue Oberhaupt geschenkt habe, das euer Hirte sein wird.«

Dass die neue Ära mit einer Persönlichkeit wie Benedikt beginnt und mit einem Klimawechsel zusammenfällt, hat die Erwartungen entsprechend gesteigert. Ratzinger sei, so der deutsche Kurienbischof Paul Cordes, die »Antwort Gottes auf die Not des Säkularismus«. Der erste Benedikt habe das Mittelalter evangelisiert, ergänzt Bischof Cipriano Calderón, ehemaliger Vizepräsident der Päpstlichen Kommission für Lateinamerika, »und Benedikt XVI. wird der Evangelisator des neuen Jahrtausends sein«. »Ich habe keinen Zweifel, dass wir am Beginn eines großartigen Pontifikats stehen«, verkündete unmittelbar nach der Wahl der Dominikaner Augustine DiNoia, drei Jahre lang Mitarbeiter Ratzingers in der Glaubenskongregation. Benedikt habe eine »wunderbare Persönlichkeit. Wenn diese durchzudringen beginnt, werden ihn die Menschen lieben.« DiNoia: »Er ist ein Heiliger, und er weiß, wie die Kirche funktioniert und wie man sie leitet.«

Tatsächlich stand wohl kein Pontifex schon zu Beginn seiner Amtszeit im Zeichen eines solchen Lichts. Angekündigt wurde es mit dem Glockenschlag des »heiligen Jahres« 2000 und dem Leiden eines Jahrtausendpapstes, das durch seine Demut und Konsequenz beeindruckte und bei vielen das Interesse am Glauben neu entfachte. Als schließlich die Millionen von jungen Menschen dem Sarg Johannes Pauls II. folgten, war es, als ginge ein Ruck durch die Welt, der das gekenterte Boot Kirche schlagartig wieder flottmachte.

Der Geist des Wandels trifft nun nicht zuletzt die Heimat des neuen Papstes. Die Ausrufung Benedikts, so der Pariser Alterzbischof Jean-Marie Kardinal Lustiger, müsse als »Zeichen der Vorsehung für Deutschland und für die Kirche in Deutschland« verstanden werden: »Nur von der Kirche konnte ein solches Signal an das Gewissen der Welt ausgehen.« Das Kapitel des Zweiten Weltkrieges sei damit »endgültig abgeschlossen«, sichtbar werde nunmehr »die Zukunft und die Rolle Deutschlands für das geistliche Gebiet«. Er sei davon überzeugt, so der vom Judentum konvertierte Kardinal, der einen Großteil seiner Angehörigen im Konzentrationslager verloren hat, »dass weder die Kirche noch die Welt ohne Deutschland und die deutsche Kultur auskommen können«.

Mit der Wahl Ratzingers war irgendetwas anders geworden, auch wenn niemand so recht wusste, was geschah. »Wenn ich ehrlich bin«, so diktierte in Rom die Hausfrau Teresa La Peruta, neunundfünfzig, einem Reporter der *New York Times* in den Block, »ich konnte ihn nicht leiden.« Nun aber beginne Benedikt sie zu überzeugen: »Ich hoffe, er macht immer und immer weiter so.« Eine Pilgerin aus Bayern berichtet, es habe bei ihr während einer Papstmesse »auf einmal einen Knacks getan«, sie habe gespürt: »Bei dem ist nichts Künstliches, kein Lächeln wie angeknipst, sondern da ist plötzlich ein Mensch, der seine Seele im Auge trägt.«

»Da ist etwas Neues«, berichtet auch Don Antonio Tedesco, Leiter des deutschsprachigen Pilgerzentrums in Rom. »Ich habe noch nie so viele Leute gesehen: Mitten in der Hitze des Sommers, mitten in der Kälte des Winters. Und da sind viele, die nicht nur passiv mitlaufen, sondern zeigen wollen, dass sie zusammengehören.«

Schon vor der Wahl des Deutschen hatte sich unter Intellektuellen eine gewisse »Ratzinger-Mode« *(Die Zeit)* eingestellt. Bildungsvolumen, Argumentationsschärfe und die Treffsicherheit seiner Analysen weckten auch bei Agnostikern das Verlangen nach Beschäftigung mit dem Werk des Theologen. Nun zeichnete sich in unterschiedlichsten Schichten gar eine Art Ratzingermania an. Über Nacht war etwa in Italien aus dem früheren »Cardinale No« plötzlich ein feinsinniger älterer Herr geworden, ein Mann von aristokratischer Haltung, brillanter Rhetorik und beispielhafter Demut. Er sei ohne Zweifel eine moralische Autorität ersten Ranges, befand nun das Magazin *Panorama.* Tagelang berichteten die Medien über einen herzlichen Präfekten, der in den Gassen um den Petersplatz spazieren gegangen sei, sich mit Katzen unterhielt, bei Obstverkäufern nach den besten Äpfeln für Strudel fragte und ein enger Freund von Fußballtrainer Trappatoni sei. Philosophen brüsteten sich damit, mit dem Ex-Präfekten auf gutem Fuß gestanden zu haben. »Die Priesterfresser von einst«, so der Kommentator Pietrangelo Buttafuoco, »sind nicht mehr da, da diesmal der Priester vom Feinsten und vom Tiefsten ist.«

Es blieb nicht bei einer kurzen Affäre. »Seit dem ›habemus papam‹ am 19. April in Rom«, so meldete *Der Spiegel*, »reißt das Wohlwollen in der Öffentlichkeit für Papst Benedikt XVI. alias Joseph Ratzinger nicht ab.« Niemals zuvor in der langen Geschichte des Petersplatzes gab es einen größeren Andrang. Bereits in seinem ersten Amtsjahr versammelte Benedikt auf dem Petersplatz fast vier Millionen Menschen um sich, doppelt so viele wie sein Vorgänger. Über drei Millionen Mal verkaufte sich seine erste

Enzyklika allein in Italien. Und die Ströme rissen nicht ab. Beim Weltfamilientag im Juli 2006 im spanischen Valencia beteten bei einer einzigen Messe 2,2 Millionen Menschen mit dem Papst. Bei seinem Heimatbesuch in Bayern im September 2006 wurden zur Übertragung seiner Auftritte mehr Kamerastationen eingerichtet als noch bei der Fußball-WM. In Polen lagen ihm Millionen von Pilgern regelrecht zu Füßen. Seht nicht auf die Erde, seht in den Himmel hinauf, tröstete Benedikts helle Stimme über den Verlust ihres größten Sohnes. Dankbar nahmen sie es auf. Und vielleicht niemals zuvor spürte Joseph Ratzinger eine Rührung wie in jenem Moment, als die Jugendlichen ein Transparent mit deutscher Aufschrift hochhielten: »Wir lieben dich.«

Phänomen Ratzinger: Seit der Bayer Papst ist, sinkt in Deutschland die Zahl der Kirchenaustritte, steigen Rückkehrerquote und Anzahl der Konversionen. In Berlin empfing Kardinal Georg Sterzinsky so viele erwachsene Taufbewerber wie nie zuvor. Wiedereintrittsstellen wie die »Glaubensorientierung St. Michael« in der Münchener Innenstadt registrierten eine bislang ungeahnte Nachfrage. Der katholisch-theologische Fakultätentag berichtet nach Jahren des Rückgangs von »beträchtlichen Zuwächsen«, Priesterseminare in Bayern von fünfzig Prozent mehr Bewerbern als im Vorjahr.

»Wo früher Scham und Zurückhaltung in Glaubensdingen herrschte«, so beschreibt ein Aktivist den Wandel unter katholischen Jugendlichen, herrsche nun das Bewusstsein vor, »man hat eine Botschaft, die frei macht, die etwas Tolles ist, von der man anderen erzählen will«.

»Sehr versiert, sehr gescheit«, befanden nun auch Prominente wie Mario Adorf den ehemaligen »Großinquisitor«, er sei »zurückhaltend, kompetent und freundlich«. »Wir sprachen über den Tod meiner Mutter«, berichtete die Schauspielerin Veronica Ferres. »Was er sagte, hat mich tief bewegt.« Dieser Papst erreiche »selbst die, für die die Kirche lange kein Angebot mehr hatte«. Zuvor habe er über Ratzinger, so der Schriftsteller Martin Walser, »nur solche verkürzten Nachrichten ohne persönliche Erscheinung« mitbekommen. Nun, da er erstmals sein »Wesen« erkennen konnte, sei er »unheimlich beeindruckt«. Franz Beckenbauer empfand die achtundvierzig Sekunden seiner Audienz bei Benedikt gar als den »Höhepunkt in meinem Leben«. »Die Menschheit braucht ihn«, bescheinigte er dem neuen Pontifex, »ich glaube, nötiger denn je.«

Ganz vorsichtig hatte sich der Stellvertreter Christi anfangs auf die Bühne gewagt, fast so, als sei er noch nicht richtig da. Als habe er Angst, dem Vorgänger, auf den er sich immerfort berief, etwas wegzunehmen, und als stünde ihm das Amt in diesem geistlichen Machtzentrum noch nicht so richtig zu. Was für Außenstehende freilich so aussah wie der Auftritt eines in der Not herbeizitierten Laiendarstellers, war nur ein Beleg für die solide Arbeitsweise des Deutschen. Ratzinger ist anders. Seine Emotionalität ist verhalten, sein Auftritt von zarter Zerbrechlichkeit. Er wirkt weniger dominant, dafür aber auch berührbarer. Dass er ohne Hast ans Werk geht, entspricht der ihm eigenen Souveränität des Urteils. »Unter Benedikt XVI. gibt es wohl mehr Mut«, befindet Thomas Bellut, Programmchef des ZDF, »sich in der modernen Mediendemokratie offensiv zu zeigen.« Das Geheimnis seiner Kommunikation, so Joaquin Navarro-Valls, der frühere Direktor des Vatikanischen Presseamtes, bestehe ganz einfach in seiner unerschöpflichen Fähigkeit zum Dialog. In einer Zeit der Zweideutigkeit spreche der Papst dabei Klartext und fasziniere durch den Reichtum und die Einfachheit seines Ausdrucks. Navarro-Valls: »Benedikt XVI. ist ein Medienphänomen – trotz oder gerade wegen der Tatsache, dass er anspruchsvoll ist. Man hört ihm zu.«

Ratzinger war immer anders als sein Ruf. Er passt in kein Klischee, hat jemand gesagt, weder in das konservative noch in das progressive: »Joseph Ratzinger ist einfach katholisch, mit Leib und Seele; eine Art Navigator im Purpurgewand.« In dem wenig auf Sympathiegewinne ausgerichteten Amt des Präfekten der Glaubenskongregation fehlte es ihm freilich früher mitunter am richtigen Ton, der entsprechenden Vermittlung. Für Gegner war er damit der »gefährliche Großinquisitor«, wer ihn kannte, erlebte ihn als bescheiden, hilfsbereit und liebenswert. Bilder aus der Bischofszeit zeigen ihn als Hirten, der Kinder herzt und Feste feiert. Und dass da nicht nur ein Verstandesmensch ist, sondern auch ein mystisches Herz, konnte jedermann erleben, wenn der Theologe bei Vorträgen und Messen riesige Menschenmengen in den Bann zog. Es fehle ihm, bekennt Ratzinger offen, »der Sinn für jeden Purismus«. Das liege schon daran, »dass ich von Kindheit an den Barock eingeatmet habe«. Inzwischen ist durch die neue Aufgabenstellung nach dem Joch des Glaubenshüters eine Dimension in sein Leben getreten, die sein eigentliches Naturell besser zum Ausdruck bringt. Die frühere Verkennung wandelte sich auf diese Weise sogar zum Vorteil, ganz so, wie es der neue Papst angedeutet hatte: »Das Leiden ist der Weg der Verwandlung, und ohne Leiden verändert sich nichts.« Denn seit sich die Perspektive änderte, kann Ratzinger schon allein dadurch überraschen, dass er ist, wie er immer war.

Die krisenhafte Situation der Kirche sieht der Papst nicht bereinigt, die der Gesellschaft schon gar nicht. Wenn es nicht gelinge, auf breiter Basis eine Umkehr einzuleiten, würden sich Hilflosigkeit und ein Szenario des Chaos gewaltig verstärken. Eines seiner Lieblingsworte: »Reinigung« – und das gilt vor allem für die Kirche selbst. Ein Papst habe sicherzustellen, erklärt er hierzu, »dass das Wort Gottes in seiner Größe erhalten bleibt und in seiner Reinheit wieder ertönt« – und zwar »gegen alle Versuche von Anpassung, Verwässerung und Opportunismus«. Die wahren Probleme des Katholizismus im Westen seien nicht Zölibat und Frauenordination, sondern Überinstitutionalisierung, Verlust an Glaubensleben und Mangel an gesellschaftspolitischem Engagement. Der Kanon der bis zum Überdruss diskutierten Fragen müsse zurückgedrängt werden, um mit einer neuen »Hierarchie der Wahrheiten« wieder zum Kern zu kommen, den Herzstücken der christlichen Bewegung. Jesus sei dabei nicht nur Heiler, sondern auch Unruhestifter. Eine Wohlfühlkirche verkenne die Dramatik seiner Erscheinung.

Längst ist Ratzinger dabei, als Papst einen eigenen Sound zu entwickeln, gewissermaßen eine Melodie für das neue Jahrhundert. Der neue Ton erinnert bei aller Bestimmtheit seiner Positionen zunehmend an die Sanftmut, wie sie aus dem Evangelium tönt. Und in der Schule Benedikts erhält dann das, was Johannes Paul II. anlegte, eine zusätzliche Note. Nach »Reißt die Fenster auf« für die Botschaft Jesu heißt es: »Reißt die Herzen auf«. Und nach Wojtylas »Habt keine Angst« gilt: »Wer glaubt, ist nicht allein«. Einige mögen dabei über die betonte Unaufgeregtheit der ersten Phase von Benedikts Pontifikat gelangweilt die Nase rümpfen – angesichts der häufig so hysterischen Betriebsamkeit in Wirtschaft und Politik und dem schnellen Verfallsdatum ihrer Richtlinien ist es allerdings geradezu wohltuend, einen Ort zu sehen, an dem die Zeit noch eine andere Dimension und das Urteil dann auch ein anderes Gewicht hat. Vor allem aber hat der deutsche Papst längst etwas geleistet, was im Grunde niemand für möglich hielt: Einen Übergang ohne jeden Bruch, die nahtlose Verbindung des alten und neuen Pontifikates zu einer Doppelsendung von historischer Größe – als Jahrtausendeinstieg zur Erneuerung von Kirche und Glauben in der säkularisierten Welt.

In Ratzingers Vita, so scheint es, drängte alles nach Vollendung. »Von Anfang an musste ich kommunizieren; es gelang mir einfach nicht, Wissen, das mir so wichtig erschien, für mich selbst zu behalten«, berichtet er über seine Schüler- und Studentenzeit. Als Professor träumte er davon, ein theologisches Œuvre zu entwickeln: »Ich wusste mich zum Gelehrtenberuf berufen.« Ein wahrer Lehrer ist er nun geblieben. Nur dass ihm Gott statt des kleinen Katheders an einer kleinen Universität die *Cathedra Petri* anvertraute, mit einem Aufgabenfeld, das nun bis ans Ende der Welt reicht.

Weitgehend unbeachtet blieb dabei, wie sich der scheinbar so nüchterne Theologe zur Kennzeichnung seiner Ziele auch in Gesten und Symbolen ausdrückt. Bereits als Bischof von München hatte Ratzinger mit der Darstellung von Bär, Mohr und Muschel, die er in das päpstliche Wappen übernahm, insgeheim Zeichen gesetzt. Der Bär ist der Bär des heiligen Korbinian, der der Legende nach das Gepäck des Bischofs von München ab den Alpen nach Rom gebracht hatte. Der Mohr ist der Äthiopier aus der Apostelgeschichte (8,26ff.), der sich von Philippus taufen ließ, nachdem ihm dieser Jesajas »viertes Lied vom Gottesknecht« (Jesaja 53,7) ausgelegt hatte. Immerhin: Die Zeichen des Bären und des Mohren, der mit einer Dreizackkrone ein herrschaftliches Symbol trägt, sind in Erfüllung gegangen. Die Pilgermuschel, Topos für die unergründliche Weisheit Gottes, ist damit gewissermaßen zum Schlussstein geworden. Und mit dem Pallium der Einheit, das der Papst sinnbildlich auf seine Schultern legt (und erstmals mit in ein päpstliches Wappen aufnahm), kennzeichnet Benedikt XVI. nicht nur den Willen nach Versöhnung der christlichen Kirchen, sondern, bewusst oder unbewusst, auch der beiden biblischen Religionen.

Dazu passt, dass Joseph Ratzingers erster Besuch als oberster Hirte der katholischen Kirche dem Grab des heiligen Paulus galt. »Die Wahrheit in der Liebe tun«, Paulus' Motto, soll ihn als Wahlspruch leiten. Wie Paulus schrieb er einen Brief an die Römer jüdischen Glaubens, seine erste Amtshandlung. Und wie Paulus hätte er sich wohl auch gerne so vorgestellt: »Knecht Christi Jesu, berufen zum Apostel, auserwählt, das Evangelium Gottes zu verkünden, das er durch seine Propheten im Voraus verheißen hat in den heiligen Schriften: das Evangelium von seinem Sohn.«

GESCHICHTE EINES DIENERS

Um 1932 | **Aschau** Joseph Ratzinger als Erstklässler mit Schultasche in Aschau am Inn, einem der Einsatzorte seines Vaters, eines Gendarmeriemeisters: geboren »an der Tür von Ostern, allerdings noch nicht eingetreten«.

1928 | **Marktl** Der Geburtsort des Papstes in einer zeitgenössischen Luftaufnahme. Deutlich erkennbar ist die Kirche der kleinen Marktgemeinde mit dem einstöckigen Geburtshaus Joseph Ratzingers seitlich links.

Um 1900 | **Rimsting** Die historischen Familienporträts zeigen die Eltern der Mutter von Joseph Ratzinger. Isidor Rieger und Gattin Maria, Großmutter des Papstes, führten eine einträgliche Bäckerei in Rimsting am Chiemsee.

Um 1910 | **Rimsting** Ein bayerisches Familienfoto aus dem frühen 20. Jahrhundert: Maria Rieger, die spätere Mutter von Benedikt XVI., im Kreise ihrer sieben Geschwister (rechts vorne). Die Lederhose des jüngsten Bruders Isidor trägt die Aufschrift »I leb auf«.

Um 1932 | **Rickering** 80. Geburtstag von Joseph Ratzingers Großmutter väterlicherseits auf dem Ratzingerhof im Bayerischen Wald. Der kleine Joseph sitzt vorn ganz rechts, links außen Bruder Georg, seitlich dahinter Schwester Maria; in der hinteren Reihe rechts die Eltern.

Um 1932
Tittmoning
Die Geschwister Ratzinger in ihren besten Sonntagskleidern im Fotoatelier. Wie einen Reichsapfel scheint der spätere Papst seinen Ball zu halten.

Um 1932 | **Aschau** In Aschau am Inn besuchte Joseph Ratzinger die Volksschule. Dort entstand dieses Bild. Joseph ist das Kind ganz rechts in der dritten Bankreihe: erste Ministrantenjahre mit »tiefgründigen Gedanken«.

Um 1937 | **Traunstein** Das Gruppenfoto der Ratzinger-Kinder entstand vermutlich in Traunstein, und zwar 1937 oder 1938, als die Familie schon in Hufschlag lebte und Joseph ins Gymnasium eingeschult war. Im Zeugnis der siebten Klasse bekam er den Vermerk »übermütig«.

1936 **Aschau** In der Pfarrkirche von Aschau feiert Joseph Ratzinger seine erste heilige Kommunion. Man erkennt ihn in der vordersten Reihe als zweiten Jungen von links.

Um 1936
Aschau Die Geschwister Ratzinger, fotografiert im Herbst 1936 oder Frühjahr 1937 von einer Nachbarin der Familie. Der kleine Joseph drückt liebevoll seinen Teddybären an sich.

Um 1935 | **Aschau** Die Familie Ratzinger Mitte der Dreißigerjahre: Die Kinder Joseph (geboren 1927), Georg (geboren 1924) und Maria (geboren 1922) sowie die Eltern Maria und Joseph: »Jetzt kommt der Krieg, jetzt brauchen wir ein Haus.«

1929 **Traunstein** So präsentiert sich ein Klassenzimmer im Erzbischöflichen Studienseminar St. Michael in Traunstein bei dessen Gründung im Jahr 1929. Zehn Jahre später geht Joseph Ratzinger hier zur Schule. Für den Sportunterricht kennt er nur ein Wort: »Folter«.

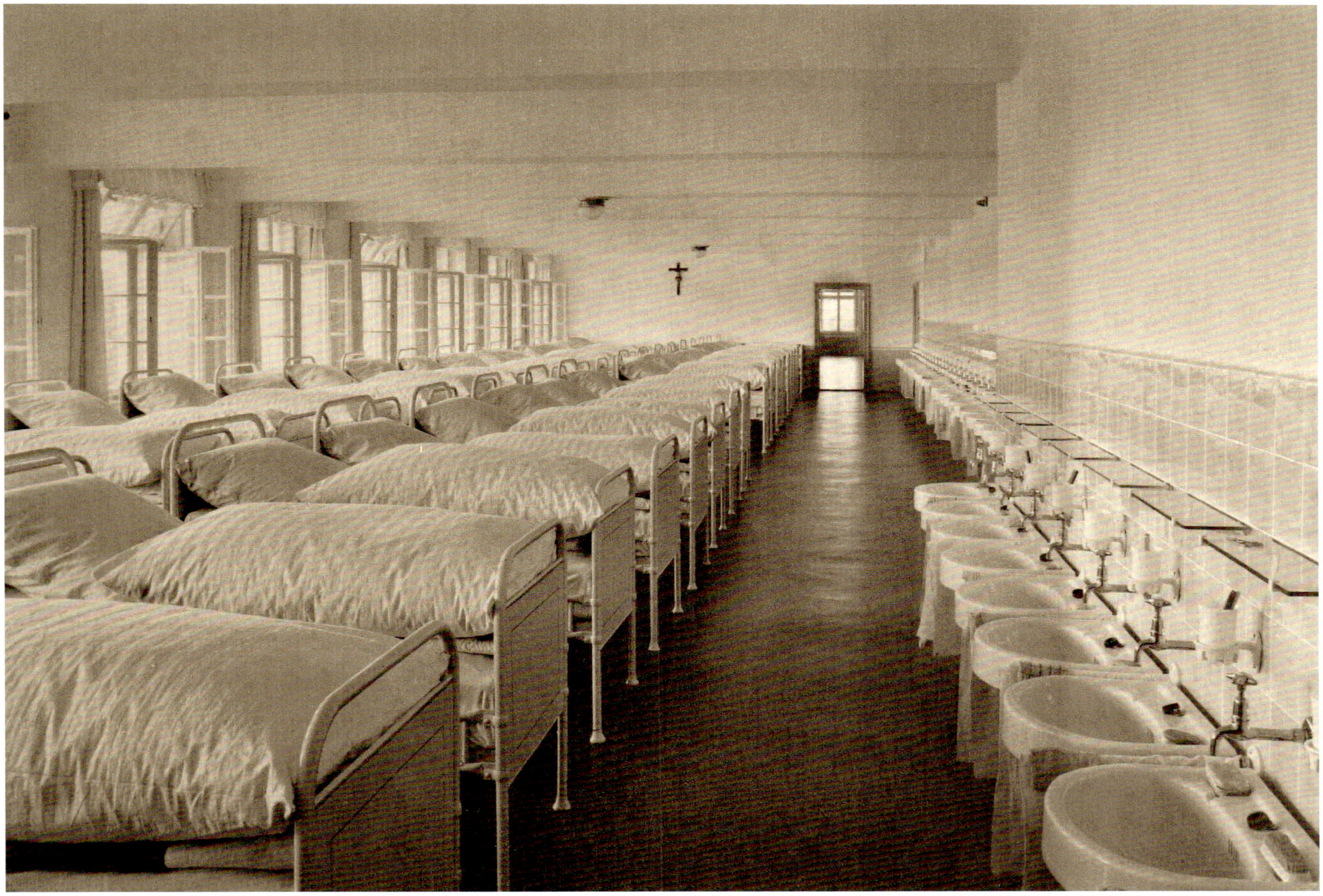

1929 | **Traunstein** Ein Schlafsaal im Traunsteiner Studienseminar. Joseph Ratzinger besucht ab 1937 in Traunstein das Gymnasium, von 1939 bis 1942 wohnt er auch im bischöflichen Internat, das schließlich zu einem Lazarett umgewandelt wird.

Um 1940
Traunstein
1940 oder 1941 nimmt ein Klassenkamerad Joseph Ratzingers dieses Foto beim Ernteeinsatz der Schüler auf. Joseph ist in der vorderen Reihe als Dritter von rechts zu sehen.

Um 1940 **Traunstein** Ebenfalls 1940 oder 1941 entsteht dieses Klassenfoto; es zeigt Joseph Ratzinger in der mittleren Reihe als Dritten von rechts: »Ich musste lernen, aus meiner Eigenbrötelei herauszutreten.«

Um 1943 | **Bei München** Joseph Ratzinger, hier als Zweiter von links zu sehen, ist von August 1943 bis September 1944 Flakhelfer und dient im Reichsarbeitsdienst, anschließend wird er zum Militär eingezogen: Spottverse gegen die Vorgesetzten.

1943 | Münchеn

1943 wird Joseph Ratzinger zusammen mit seinen Mitschülern aus Traunstein nach München geschickt, um dort neben der Schule zum Flakhelfer ausgebildet zu werden. Es folgen Einsätze in Ludwigsfeld, Unterföhring, Innsbruck und Gilching.

»Ich wusste, wo ich hingehörte«

EINFACHE HERKUNFT, BAYERISCHE FRÖMMIGKEIT UND DIE KRIEGSERFAHRUNG ALS SCHLÜSSEL DER BERUFUNG

Schon auf den Bildern aus der Kindheit zeigt Joseph Ratzinger Züge, die ihn unverkennbar machen. Das Gesicht weich und fein, nahezu zerbrechlich. Der verschmitzte Mund. Der feste, aber deutlich distanzierte Blick, als wolle er damit eine riesige Landschaft, die sich ihm zeigt, bis ins Detail erfassen. Es ist ein sensibler, ernsthafter Junge. Jemand, der an Blumen riecht und Gedichte schreibt. Jedenfalls kein Raufbold. In Gemeinschaft mit anderen duckt er sich, als könne ihn eine Gruppe von Menschen einzwängen wie in einen Schraubstock. Ein scheuer Typus – und dennoch von auffälliger Erscheinung. Sein Anderssein besticht nicht durch Dominanz. Eher ist hier das Auffällige die Nichtauffälligkeit, das Kleine, aus dem Größeres hervorscheint.

Sollte es eine Blaupause des Heiligen Geistes für das Profil der Nachfolger Petri geben, ist sie aus der Geschichte des Papsttums schwer herauszulesen. Zumindest nicht als einheitliches Konzept. Viele der Oberhirten kamen aus bettelarmen Verhältnissen. Andere waren Söhne aus Adelsfamilien, die es sich auf dem Heiligen Stuhl so bequem machten wie zuvor in ihren Salons. Aber mit großer Sicherheit ist aus dem Kollegium der Kardinäle fast immer derjenige hervorgetreten, der wirklich auch den Zuschnitt hatte, Kirche über die Zeit zu führen. Karol Wojtyla war so einer, der Sohn eines ehemaligen Offiziers und Schneiders aus Wadowice, der den Nazis trotzte und den Kommunisten ebenso. Seine Vita ließ früh eine Persönlichkeit von Format erahnen, den Mann für große Aufgaben. Bei seinem Nachfolger ist das, so zeigt es seine außergewöhnlich konsequente und teils geheimnisvolle Biografie, nicht so viel anders.

Es ist nicht nur die besondere Szenerie bei seiner Geburt, die Joseph Ratzinger gewissermaßen schon mit dem ersten Atemzug seines Lebens eine ganz eigene Note gibt. Da sind die Abstammung aus einem zwar einfachen, gleichwohl inspiriert-religiösen Elternhaus, die Todeserfahrungen in der frühen Kindheit, aber auch die besondere Hingezogenheit zu Wahrheit der Lehre und feierlicher Liturgie. Es ist am Ende die Verbindung von bodenständiger Frömmigkeit und intellektuellen Gaben, die ihn geradezu prädestiniert für den spannenden Brückenschlag zwischen Tradition und Fortschritt, Religion und Vernunft.

Joseph Ratzinger hat schon kraft seiner Herkunft ein Faible für die Standhaftigkeit und das Gottvertrauen einfacher Gläubiger. Ihnen traut er mehr zu als der Klugheit der Professoren. Dass diese Menschen in ihrem mystischen Vertrauen auf den »Herrgott« eine echte Gottesbeziehung herstellen konnten, gehört zu den Grunderfahrungen seines Lebens. »Der Katholizismus meines Heimatlandes Bayern«, sagt er, »hat es verstanden, allem, was menschlich ist, Raum zu geben: dem Gebet, aber auch dem Fest; der Buße, aber auch der Fröhlichkeit.« Ratzinger war dabei nie leutselig – und wurde dennoch der Theologe des Volkes. Im Gegensatz zu vielen seiner Kollegen, die die Moden eines neuen Wohlstandschristentums bedienten, genoss er stets den Rückhalt des gläubigen Volkes.

Die andere entscheidende Erfahrung seiner Jugend wirkt wie eine Art Blitz, der sich ihm einbrennt. Gerade noch eingebettet in die behütende Frömmigkeit und Liberalität der bayerischen Lebensart, bricht eine Herrschaft herein, die sich jäh wandelt in ein apokalyptisches Szenario von Hass, Machtgier und Terror, eine Welt ohne Gott. »Im Glauben meiner Eltern«, so lautet denn auch die vielleicht bedeutendste frühe Erkenntnis des Mannes, der einmal Papst werden sollte, »hatte ich die Bestätigung für den Katholizismus als einem Bollwerk der Wahrheit und der Gerechtigkeit gegen jenes Reich des Atheismus und der Lüge, das der Nationalsozialismus darstellte.«

Marktl am Inn, März 1927. In den Zwanzigerjahren des vergangenen Jahrhunderts ist die Gemeinde am Fluss eher ein verschlafenes Nest mit ein paar Geschäftshäusern, Gendarmerie, Rathaus und Wirtshaus, die sich um die Kirche scharen. Immerhin liegt der Ort an einem historischen Verkehrsweg. Fuhrwerke, Pilger, einfache Reisende, hier mussten früher alle durch. Einmal stoppte sogar ein Papst, Pius VI., der auf seiner Reise von Altötting nach Wien 1782 von den Marktlern freudig empfangen wurde. Politisch-rechtlich gehört die Gemeinde zu Oberbayern, geistlich jedoch sind die Marktler Teil des niederbayerischen Bistums Passau, das in seiner jahrtausendalten Tradition einmal bis nach Ungarn reichte. Ein altehrwürdiges Reich, von dem es hieß, es sei leichter, in Rom Papst als in Passau Bischof zu werden. Aus der Nachbarschaft, dem Weiler Parzham, stammt der heilige Kapuziner Bruder Konrad, ein Bauernsohn, der als Klosterpförtner im nahen Wallfahrtsort Altötting Anlaufstelle für Hilfesuchende war. Ein weiterer prominenter Landsmann ist der königlich-bayerische Hofwagner Johann Georg Lankensperger. Er machte in Marktl im Jahre 1816 die bahnbrechende Erfindung der Achsschenkellenkung, ohne die heute kein Auto fahren würde. Seine Geburtsstätte liegt am zentralen Punkt des Ortes, dem ehemaligen Mauthaus. Es ist exakt dasselbe Gebäude, in dem auch die Wiege des heutigen Papstes stand.

1927 ist ein unruhiges Jahr. In der Sowjetunion beschließen die Kommunisten die Liquidierung der Großbauern und die Kollektivierung der Landwirtschaft. Zeitungen berichten über Stalins grausame Gefangenenlager im fernen Sibirien, in denen Hunderttausende von Regimegegnern zu Tode kommen. In Italien gibt es ein erstes Attentat auf den »Duce« Benito Mussolini, der mit seiner Machtübernahme 1922 den Faschismus als politische Bewegung etabliert hat. Diesseits der Alpen eifert ihm ein gewisser Adolf Hitler nach, ein ehemaliger Postkartenmaler. Geboren ist er in Braunau, nur gut zwanzig Kilometer Luftlinie von Marktl entfernt den Inn hinab, auf der österreichischen Seite der Grenze. Vor zwei Jahren hat er die NSDAP neu gegründet, eine Bewegung von immerhin schon 27 000 Parteimitgliedern, und im August 1927 findet zum ersten Mal ein Parteitag der NSDAP in Nürnberg statt – mit Aufmärschen der uniformierten Teilnehmer, mit Hitlerjugend und Flaggen und Standarten.

Die Deutschen ächzen immer noch unter den Lasten der Reparationszahlungen, aber zu feiern gibt es auch etwas: Gustav Stresemann erhält den Friedensnobelpreis, in Deutschland wird eine Pflichtversicherung gegen Arbeitslosigkeit eingeführt, und in Paris landet Charles Lindbergh, der US-amerikanische Volksheld, der in 26 Stunden erstmals den Atlantik überflog. Literarisch betrachtet ist der Jahrgang von solch hoher schöpferischer Dichte, dass die erscheinenden Titel die Bestenlisten ganzer Jahrzehnte anführen könnten. Da sind, um nur einige wenige zu nennen, Hermann Hesses *Der Steppenwolf,* Franz Kafkas *Amerika,* Marcel Prousts *Auf der Suche nach der verlorenen Zeit,* Carl Zuckmayers *Schinderhannes,* Arnold Zweigs *Der Streit um den Sergeanten Grischa,* Stefan Zweigs *Sternstunden der Menschheit,* Bert Brechts *Hauspostille* und Thornton Wilders *Die Brücke von San Luis Rey* – und nicht zuletzt Sigmund Freud mit seiner religionsphilosophischen Schrift *Die Zukunft einer Illusion.* Viele dieser Werke befassen sich mit dem nun spürbar gewordenen Hereinbrechen des Neuen, dem Wechselspiel der Zeit, das die Köpfe und Seelen der Menschen bis aufs Äußerste zu strapazieren beginnt. Wohin geht die Welt? Wie muss man sie betrachten, um sie richtig zu sehen? Allen voran ist es ein deutscher Gelehrter, der die Formel zu finden sucht für das Welträtsel und sich in der Uminterpretation des Abendlandes übt, Martin Heidegger. Auch sein Werk *Sein und Zeit,* das die Existenzphilosophie begründen sollte, erscheint 1927. In der »Neuen Welt« hingegen übersetzt Cecil B. DeMille, Mitbegründer von Hollywood, erstmals das Leben Jesu Christi in das Medium Film. Der Titel: *Der König der Könige.*

Es ist ein Anfang wie aus den frommen Viten der Heiligen, die im Schein des himmlischen Glanzes die Erde berühren. Die Geschichte des Joseph Ratzinger beginnt jedoch auch ganz nüchtern betrachtet im Zeichen eines Lichtes, das Symbol und Leitstern werden sollte. Die Eltern heißen Maria und Joseph, und beide sind nicht mehr ganz jung. Vor zehn Tagen feierte der Vater seinen fünfzigsten Geburtstag, Mutter Maria ist bereits dreiundvierzig. Ihr erstes Kind, Maria Theogona, kam fünf Jahre zuvor zur Welt, vor drei Jahren Stammhalter Georg, beide noch in Pleiskirchen bei Altötting geboren, der ersten Heimat der Familie. Die Nacht ist kalt, Schnee und Eis bedecken die Straßen, in der Morgendämmerung des 16. April ist es endlich so weit, als um 4.15 Uhr Joseph Alois Ratzinger das Licht der Welt erblickt. Und weil die »Auferstehung« damals noch am Vormittag des Karsamstags gefeiert wird, mit der Weihe des Wassers, ist der Neugeborene vier Stunden nach seiner Geburt der erste Täufling des allerfrischesten Taufwassers – und damit nicht nur sehr sinnlich, sondern auch ganz praktisch eingetaucht in das Geheimnis von Ostern.

Liturgisch betrachtet ist der Karsamstag gewissermaßen die Taufstunde der Kirche, und nicht nur Eltern und Verwandte betrachten in der Folgezeit die Umstände dieser Geburt gleichsam als eine Fügung des Himmels. Auch ihn selbst, so Joseph Ratzinger später, habe dieser besondere Beginn seines Lebens immer mit Dankbarkeit erfüllt. Er habe darin »ein Zeichen des Segens« erkannt: »Dass ich gerade geboren wurde, als die Kirche ihr Taufwasser bereitete«, würde ihn ganz besonders »in den österlichen Zusammenhang« hineinstellen. Er finde das »einen sehr guten Tag, der irgendwie mein Geschichtsbild und meine eigene Situation andeutet: an der Tür von Ostern, allerdings noch nicht eingetreten«. Achtundsiebzig Jahre später, bei der Übergabe des Karfreitagskreuzes durch Johannes Paul II., die das Ende einer Epoche anzeigte, sollte sich dieses Bild unter dramatischen Umständen bestätigen.

Die Ratzingers. Was ist das für eine Familie? Gibt es eine spezielle Dynamik, die ihren Weg bestimmt? Einen Grundstoff, gleich dem Lehm in der Genesis, aus dem Gebilde vorgeformt werden, die später nur noch modelliert und zugeschliffen werden? Voran der Vater. Sein Grundthema ist, wie der Sohn später zu Protokoll gibt, das Religiöse, und zwar »auf eine sehr männliche und totale Art«. Würde und Anstand, das ist seine Haltung. Das Ziel: die ausbalancierte Mitte. Nirgendwo ein Zuwenig, nirgendwo ein Zuviel. Weder zu steif noch zu leger, das Normalmenschliche und Zivile nach der Ordnung der Religion ist die angestrebte Form. Die Stilsicherheit darin muss nicht sonderlich trainiert werden, so etwas hat man. Sie entstammt der geradlinigen Haltung eines frommen Menschen, der die Maßstäbe für das, was zu tun und zu lassen ist, ganz einfach aus der Bibel nimmt. Was auch heißt, Mut aufzubringen, die Wahrheit zu verteidigen – »obwohl sie gegen das stand«, wie der Sohn später anmerkt, »was öffentlich gegolten hatte«.

Der Vater des heutigen Papstes, geboren am 6. März 1877, ist eines von neun Kindern einer Bauernfamilie in Rickering im Bayerischen Wald. Als Bub hütet er Gänse, besucht die Volksschule, singt als Tenor im Kirchenchor, lernt Zither spielen. Der Hoferbe ist er nicht. Nach dem zweijährigen Dienst beim königlich-bayerischen Militär, den er in der Domstadt Passau absolviert, entscheidet er sich für eine Laufbahn bei der Gendarmerie. Zum Glück. Die Zeit der Ausbildung erlebt er am Königssee, den Ersten Weltkrieg als Wachtmeister in Ingolstadt. Neben seiner Schwester Theogona, die in den Orden der Armen Schulschwestern eintritt (und sehr viel später, 1980, von ihren Neffen Georg und Joseph auf dem Domberg zu Freising bestattet werden wird), ist auch ein anderes Familienmitglied in kirchlichen Diensten, der Onkel Dr. Georg Ratzinger († 1899), Pfarrer und Abgeordneter im Münchener Landtag sowie im Reichstag zu Berlin. Seine Doktorarbeit galt der Verbesserung der kirchlichen Armenpflege, und als liberaler Vorkämpfer für die Rechte der Bauern ist er im Lande hoch geachtet.

Joseph Ratzinger ist dreiundvierzig Jahre alt, nunmehr bayerischer Gendarm im Range eines Kommissärs, als er es endlich wagen kann, bei den Vorgesetzten einen Antrag auf Eheschließung einzureichen. Im Jahre 1920 – Hochzeitstag ist der 9. November – ist aber auch Maria mit ihren sechsunddreißig Jahren nicht mehr das, was man eine blutjunge Braut nennen könnte. Maria entstammt einer Bäckersfamilie in Rimsting am Chiemsee, die es bis zu diesem Zeitpunkt bereits zu bescheidenem Wohlstand gebracht hat. Der Name ihres späteren Ehemannes muss ihr früh geläufig gewesen sein. Bei Rimsting gibt es eine »Ratzingerhöhe«, einen Berg mit wundervoller Aussicht. Seine Bezeichnung leitet sich freilich nicht von den niederbayerischen Bauern, sondern von einem Grafen »Rasso« oder »Ratzo« her, der hier im achten Jahrhundert einen Einödhof begründete. Als erstes von acht Kindern der Eheleute Maria und Isidor Rieger hat sie eine entbehrungsreiche Kindheit hinter sich. Ihre Mutter, eine kräftige, energische Person, die mit den nach unten gezogenen Mundwinkeln etwas grimmig wirken kann, stammt aus Südtirol und ist Tochter eines Müllers, dessen Mühle in Mühlbach, dem heutigen Rio de Pusteria, nach einem Unwetter fast völlig zerstört wurde. Sie hatte mit ihrem Mann Isidor, Sohn eines Arztes aus Bayern, im österreichischen Hopfgarten zunächst eine Bäckerei gepachtet, um schließlich, nach einem Umzug mit dem Leiterwagen, am Chiemsee das eigene Geschäft zu eröffnen.

Der Werktag ihrer ältesten Tochter beginnt mitten in der Nacht, und zur Arbeit in der Bäckerei der Eltern, dem morgendlichen Austragen von Brot und Brezen, gehört die Sorge um die vielen Geschwister. Um der Haushaltskasse nicht länger zur Last zu fallen, wird das Kind mit fünfzehn Jahren nach Kufstein in fremde Dienste »überwiesen«, wie es in ihrem Schulzeugnis heißt. Später verdingt sie sich bei einem tschechischen Konzertmeister in Salzburg, danach bei einem General in Wiesbaden und schließlich im Hotel Wittelsbach in München, als Süßspeisenköchin. Zum Heiraten bleibt keine Zeit. Und als eines Tages die Eltern sie und ihre Schwester dem verwitweten Bäckermeister Schwarzmaier in München vorstellen, entscheidet der sich für die jüngere von beiden.

Um diese Maria liegt ein gewisses Geheimnis. Der Rimstinger Heimatforscher Johann Nußbaum hält in einer akribisch recherchierten Broschüre der Gemeinde fest, dass sie im Zensurbuch der Sonn- und Feiertagsschule Rimsting als »Maria Rieger« eingetragen ist (Geburtsort »Mühlbach Tirol«), die Urkunde des Standesamtes Pleiskirchen führt sie hingegen als »Bäckermeisterstochter Maria Peintner«. Nicht nur der Name, auch ihr Geburtsort wird unterschiedlich angegeben. Mal liegt er in der Nähe von Oberaudorf im Kreis Rosenheim, mal in Mühldorf im Pustertal. Und selbst ihr Geburtstag kennt zwei Daten, einen 7. und einen 8. Januar 1884. Tatsächlich stammen ihre Familie mütterlicherseits und sie selbst aus Mühlbach in Südtirol, wo Maria bis zum Alter von sechs Jahren aufwuchs. Geboren wurde sie allerdings als uneheliches Kind in einem Ort gleichen Namens in Oberbayern.

Marias Großeltern Anton Peter Peintner und Elisabeth Tauber hatten nach der von Nußbaum aufgezeichneten Ahnentafel am 9. Februar 1858 in der Kirche St. Helena in Mühlbach in Südtirol geheiratet. Ihre Mutter Maria Tauber/Peintner wurde am 29. Juni 1855 in Raas in Südtirol geboren. Über sie hält der Historiker Professor Josef Gelmi vom Diözesanarchiv in Brixen fest: »Die Großmutter des Papstes heiratete am 13. Juli 1885 in Absam in Tirol den Pächter beim Pinzgerbäcker in Hopfgarten, Isidor Rieger, der in Welden in Bayern am 22. März 1860 geboren wurde.« Über Maria selbst schreibt Gelmi: »Die Mutter von Maria, Georg und Joseph Ratzinger wurde am 8. Januar 1884 in Mühlbach in Bayern geboren. Die kleine, aber liebliche Ortschaft Mühlbach gehört zur Gemeinde Kiefersfelden und zur Pfarrei Oberaudorf im Landkreis Rosenheim.«

Ihre Südtiroler Großmutter haben die Ratzinger-Kinder öfters besucht, Ihren Großvater Isidor erlebten sie nicht mehr. Sparsam wirtschaftend, hinterließen die beiden nicht nur ein schuldenfreies Haus, sondern auch mehrere Grundstücke. Als angesehener Bürger seines Ortes sorgte der Bäcker dafür, dass die Gemeinde zur ordentlichen Pfarrei aufstieg. Sein geschäftliches Erbe allerdings hielt nicht lange vor. Sohn Georg (der Patenonkel von Papstbruder Georg) wanderte nach Amerika aus, gründete dort eine Bäckerei und kam nicht wieder zurück. Der erstgeborene Benno entpuppte sich als rechter Lebemann, besaß mehrere Sportautos, ein Rennboot, eine ansehnliche Waffensammlung, liebte die Oper und das Theater und gab eines Tages nach einem Streit mit einem Nachbarn die Bäckerei auf, um sich ganz aus Rimsting zurückzuziehen.

Marktl am Inn ist für die nun fünfköpfige Familie Ratzinger nur gut zwei Jahre lang Heimat. Joseph erinnert sich später noch an eine Zahnärztin im Haus, die ein Motorrad besaß. Eindrücklicher als die Erscheinung der Ärztin ist indes eine schwere Diphtherie, die sein junges Leben an den Rand des Todes bringt. Nachbarn berichten, die Mutter habe seitdem ihren Jüngsten, nunmehr ein Sorgenkind, so gut als möglich abgeschottet. Der Überlebenskampf von Marktl blieb allerdings nicht die einzige Todeserfahrung Ratzingers. Wenige Jahre später entkommt er nur knapp dem Ertrinken in einem Weiher.

Von Marktl zieht die Familie zunächst nach Tittmoning, im Dezember 1932 weiter nach Aschau am Inn. Tittmoning ist ein barockes Städtchen an der Grenze zu Österreich. Die Gendarmerie am Stadtplatz Nr. 39 ist ein ehemaliges Propsteigebäude. Das Haus ist mehr als baufällig, und die Mutter schleppt Holz und Kohlen über zwei Treppen hinauf. Dennoch wird diese ganz vom Salzburgischen her geprägte Stadt mit den stolzen Bürgerhäusern, dem majestätischen Stadtplatz, dem kleinen Schloss auf der Anhöhe und natürlich den Wanderungen, die man mit der Mutter zur Polnach-Kapelle am Wasserfall im Wald macht, eine unvergessliche, prägende Erfahrung. Den Vater erleben die Kinder eindrucksvoll in Uniform mit Säbel und Pistole. Vor festlichen Anlässen wird das Koppelschloss mit Sidolin geputzt, und die Mutter macht Telefondienst, wenn der Gendarm auf Dienstgang ist, um nach dem Rechten zu sehen. Vor seinen nächtlichen Patrouillen heißt es: »Kinder, betet, dass der Vater gut heimkommt.« Sich dienstbar machen, Dienstgänge tun, ist nicht nur ein Ausdruck für die Inspektionen des Schutzmannes, sondern auch eine Lebensauffassung. Weil die finanzielle Lage der Familie immer misslicher wird, arbeitet die Mutter zeitweise als Köchin in der Sommerfrische. Damit ist ein Grundthema der Familie vorgegeben: das einfache Leben, eine von den Umständen her erzwungene Bedürfnislosigkeit. Was Mutter Maria nicht daran hindert, in Aschau die Verpflegungskosten für zwei bedürftige Schulkinder zu übernehmen, die im Winter mittags beim »Bräu« eine Suppe bekommen – während der Vater nach Kräften später Priester unterstützt, die unter dem nationalsozialistischen Regime zu leiden haben. »Eisern sparen« habe man müssen, erinnert sich Sohn Georg. Andererseits habe man sich dadurch auch noch »über die kleinsten Dinge freuen« können. Schließlich sei gerade durch »diese sehr bescheidene, finanziell auch angespannte Situation« und die »ungeheuren Verzichte« der Eltern, ergänzt Bruder Joseph, in der Familie »eine innere Solidarität entstanden, die uns tief aneinander gebunden hat.«

Es sind insbesondere religiöse Zusammenhänge, an die sich Joseph Ratzinger auch nach Jahrzehnten präzise erinnern kann. »Es war ein sonniger Tag, ein Sonntag im Jahr 1936«, so berichtet er als Papst auf dem Petersplatz vor 150 000 Kindern und Erwachsenen über seine eigene erste heilige Kommunion, »die Kirche war sehr schön. Ich erinnere mich an die Musik. Wir waren ungefähr dreißig Kinder aus unserem kleinen Dorf mit fünfhundert Einwohnern.« Seinem Bruder erzählt er einmal, wie ihn als kleinen Ministranten, der in der Ecke stand, in Aschau am Inn das Begräbnis eines Theologiestudenten in den Bann gezogen habe, an dem vierzig Kommilitonen teilnahmen, die in der Sakristei ihr Chorgewand überstreiften. Zu »ersten persönlichen Erfahrungen« mit Kirche und Kult war es aber bereits in Tittmoning gekommen. Da ist »der aufsteigende Weihrauch«, sind die gregorianischen Choräle oder aber auch »die Verwunderung, wie jemand der Säule zur Kanzel entsteigen konnte«, ohne vorher gesehen zu werden. Hinter diesen vordergründigen und naiven Bildern, bekannte Ratzinger, hätten sich »tiefgründige Gedanken festgesetzt«. So tief offenbar, dass er in der »Kinderbewahranstalt«, wie die Kindergärten damals genannt wurden, im ehemaligen Augustinerkloster bei Schwester Maria Corbiniana Kreuzburg von den Englischen Fräulein bereits Zukunftspläne schmiedet. Konkret beeindruckt ihn der Münchener Kardinal Faulhaber, der im prachtvollen Ornat im Rahmen einer Firmung in Traunstein auch den Kindergarten besucht. Begeistert verkündet der Dreijährige: »So was will ich auch werden.«

»In unserem gläubigen Elternhaus war es selbstverständlich«, sagt Georg Ratzinger, »dass der Tag geheiligt wurde.« Kein Aufwachen ohne Morgengebet, keine Mahlzeit ohne Tischgebet. So etwas habe »natürlich seine Wirkung nicht verfehlt«. Da sind auch die »Engelämter« in den schneereichen und kalten Wintertagen. Dann die Ölbergandacht und die Feier der Auferstehung, mit all dem Schmuck, den Bildern, der Musik, der besonderen Dramaturgie, die es vermag, die Tür zu einer Welt aufzustoßen, die dem abgelenkten Menschen für gewöhnlich verborgen bleibt. Das ganze Gotteshaus, erinnert sich der spätere Kardinal, ist verdunkelt. Und als der Priester das »Christus ist auferstanden« anstimmt, fallen mit einem Schlag die Vorhänge, die Kirche wird urplötzlich mit Licht geradezu überflutet. »Jede Stufe im Zugehen auf die Liturgie war ein großes Ereignis für mich«, berichtet der frühere Ministrant. Und wenn Joseph Ratzinger als Benedikt XVI. vehement dafür eintritt, die eucharistische Anbetung zu fördern – es sei ein falscher Weg gewesen, sie von der Gabe am Altar zu trennen, wahre Kommunion sei nur über Anbetung möglich – dann greift er damit auf eigene Erfahrungen zurück, die in diesem »Traumland meiner Kindheit«, wie er Tittmoning nannte, ihre Wurzeln haben.

Allen Orten der frühen Biografie Ratzingers ist gemeinsam, dass sie sich um den Wallfahrtsort Altötting gruppieren, der im September 2006 auch auf dem Programm seines Bayernbesuches stand. Vater Ratzinger ist hier Mitglied der Marianischen Männerkongregation, den Kindern erzählt er, wie der selige Bruder Konrad vom Himmel her für den Bau der Basilika Sorge trage. Joseph und seine Geschwister sind mit dabei, als 1934 in Altötting die Heiligsprechung Konrads von Parzham gefeiert wird, eines Mannes von »nicht zu zerstörender Geduld«. Als plötzlich aus einer Erbsensuppe, die die Nonnen für die Pilger bereithalten, eine Wespe aufsteigt, ist der nun Siebenjährige das Opfer. Den Stich und die riesige Schwellung mag er möglicherweise wieder vergessen haben, Altötting als heiliger Ort aber, so bekannte Ratzinger, »rührt mir heute noch genauso ans Herz wie in jenen versunkenen Jahren.« Es sei ein »Glück« gewesen, in der Nähe dieses Marienwallfahrtsortes geboren worden zu sein, etwas zu verspüren von der »Gegenwart einer heiligen und heilenden Güte, die Güte der Mutter, in der sich uns die Güte Gottes selbst mitteilt.«

Massenarbeitslosigkeit und der unablässige Streit unzähliger politischer Splittergruppen prägen zunehmend das öffentliche Klima. In der bayerischen Provinz, insbesondere in streng katholischen Gegenden, haben die Braunen noch wenige Anhänger. Immer häufiger jedoch erleben die Ratzinger-Kinder mit, dass ihr Vater »bei Versammlungen gegen die Gewalttätigkeit der Nazis einschreiten« muss. In Aschau wohnt bereits ein Hilfsgendarm mit im Haus, der offen die Predigten des Pfarrers mitschreibt. Als Ministrant wird Joseph Zeuge, wie die Faschisten den Priester verprügeln. Gendarm Ratzinger ist ein erklärter Gegner Hitlers und weigert sich, einer nazistischen Organisation beizutreten. Sonntags studiert er den *Geraden Weg*, eine antifaschistische Abonnementzeitung. »Ich war noch ganz klein«, berichtet der Sohn, »aber ich kann mich erinnern, wie er gelitten hat ... Zu Hause hat er, sooft er die Zeitung las, fast einen Wutanfall bekommen.« Obwohl das mit finanziellen Einbußen verbunden ist, strebt er eine frühe Pensionierung an, um dem verhassten Regime nicht länger dienen zu müssen (sie wird ihm auch gewährt, freilich für den Preis, auf einen Teil der Pension zu verzichten). Konsequent lehnen die Eltern später auch ab, ihre Kinder in die Hitlerjugend zu geben. Dafür nehmen sie in Kauf, keine Schulgeldermäßigung zu bekommen. Ein nützlicher Nebeneffekt dieser Haltung: »Die Öffentlichkeit wusste ja: Der ist katholisch, der geht in die Kirche oder will sogar Priester werden. So wurde man in Streitgespräche hineingezogen – und musste sich dafür wappnen lernen.«

Bereits 1933, nach Hitlers Machtergreifung, erklärt der Vater: »Jetzt kommt der Krieg, jetzt brauchen wir ein Haus.« Noch im selben Jahr kauft er in einem Weiler mit dem schönen Namen Hufschlag in der Nähe von Traunstein für 5500 Reichsmark ein einfaches Bauernhaus aus dem Jahr 1726, das der frühere Besitzer verwirtschaftet hatte. Viel Geld für seine Verhältnisse. Anfang April 1937 ist es so weit, Umzug ins eigene Heim. Hufschlag Nr. 11 ist nicht gerade eine Luxusimmobilie. Die Zimmer sind winzig. Die beiden Buben teilen sich einen einfachen Raum im ersten Stock. Er hat zwei Betten mit riesigen Zudecken und eine Spiegelkommode mit zwei Waschschüsseln. Das Wasser hierfür wird vom Brunnen im Garten geholt. Das Dach ist undicht. Aber hier eröffnet sich, mit Apfel- und Zwetschgenbäumen vorm Haus, den vielen Blumen und dem Gemüse, das die Mutter zieht, einfach »ein Kindheitstraum«. »Wenn wir morgens die Augen aufmachten, konnten wir als Erstes die Berge sehen«, berichtet Joseph Ratzinger, »und in den alten Scheunen konnte man die herrlichsten Träume erleben und wunderbar spielen.« Insbesondere wird heimlich zur Zigarette gegriffen – und Priester gespielt, mit nahezu unermüdlichem Eifer. Einen kleinen Altar hierfür (mit drehbarem Tabernakel) hat Onkel Benno gestiftet, der Lebemann aus Rimsting. Alben, Stola, Paramente schneidern liebevolle Tanten. Als Messkelche verwendet man Minikannen aus Zinn. In Prozessionen ziehen die Kinder zu ihrem heiligen Altar, wobei Georg und Joseph abwechselnd predigen und, nicht zu vergessen, ihre Texte fein säuberlich in Schulheften festhalten.

Die Eltern achten darauf, dass die Kinder ihre Namen nicht verunstalten. Dem Georg aber rutscht schon mal ein »Sepperl« heraus, und meist nennen sie sich »Georgerl« und »Josepherl« und »Marie«. Sie trocknen gemeinsam Geschirr ab, holen beim Bauern Milch und gehen einkaufen im Kolonialwarengeschäft der Rosa Rauch mit ihrer schwarzen Katze, der Mutzi. Josepherl ist kein großer Bastler, aber er malt gerne und schreibt als Volksschüler Gedichte über die Besonderheiten der Natur. Wenn sie zusammen spielen, kommt es gelegentlich zu Streit und Raufereien. Dann greift die Mutter ein und jagt mit dem Bettklopfer den Buben hinterher. Ohrfeigen, auf Bairisch »Watschn«, sind in der Erziehung tabu. Vom Vater gibt es schlimmstenfalls einen Klaps auf den Hintern. Keines der Kinder soll bevorzugt oder benachteiligt werden. Auch nicht Joseph, selbst wenn der Baader Hansl, sein Klassenkamerad, zu Hause bereits raunt, dass »der Ratzinger schon verreckt gscheit is«.

Das Haus Ratzinger: Mutter Maria ist eine gemütvolle Frau, ihre Kinder empfinden sie als »sehr warmherzig und innerlich sehr stark«. Im Haushalt gilt sie als Alleskönnerin, in deren Händen »mit großer Fantasie und viel praktischem Geschick« förmlich noch aus dem Nichts vorzügliche Gerichte oder auch Dinge wie selbst gemachte Seife entstehen. Der Vater wirkt schlaksig und zäh, sein Auftreten ist nüchtern und streng, vielleicht zu streng. Ein kerniger Mensch, knorrig, ganz die Mentalität eines Niederbayern. Im Wirtshaus sieht man ihn kaum. Kartenspielen kann er sich nicht leisten. Dem Alkohol will er nichts abgewinnen. Und billiges Geschwätz ist ihm ohnehin zuwider. Als Hüter des Gesetzes, der er war, macht man sich nicht gemein mit den anderen. Man hat einen Auftrag, und der steht über dem Menschen. Das Leben in Einklang bringen mit der Ordnung der Schöpfung und aus der kurzen Spanne der irdischen Existenz nicht vorwiegend Güter herausholen, sondern Geist und musische Herrlichkeit, das ist der Grundton, den er anschlägt. Ein gestrenger Herr sei er gewesen, geradlinig und gerecht. Man habe allerdings auch »immer gespürt«, erzählt Sohn Joseph, »dass er streng war aus Güte, und deswegen konnten wir seine Strenge wirklich annehmen«. Da ist nicht der vielfach so im Zweifel gespaltene Mensch unserer Tage, sondern eine Generation biblischer Prägung, die sich ohne Wenn und Aber auf das Abenteuer eines christlichen Lebensweges einlässt. Als typischer Altbayer ist der Vater fromm – und liberal zugleich. Spiritualität heißt nicht, der Vernunft ihren Raum zu nehmen. Ganz besonders imponiert dem Sohn deshalb auch die »reflektierende Glaubensüberzeugung« des Vaters: »Er dachte anders, als man damals denken sollte, und das mit einer souveränen Überlegenheit, die überzeugte.« Es ist der benediktinische Entwurf des *ora et labora*, bete und arbeite, der in der Familie Ratzinger das Leben regelt. An den entsprechenden Tagen holt der Vater seinen Goffiné hervor, seinen Klassiker zum Vorlesen, mit Erläuterungen zum Sonntagsevangelium. Zwischendurch schläft er schon mal ein, wenn die Texte allzu lang sind. Aber er geht auch selbst zur Messe, täglich, und sonntags sogar mehrmals. Mag manchen Cousinen der Kinder, die zu Besuch kommen, der religiöse Duktus auch ein wenig streng erscheinen, die Gäste können weder ein bigottes noch ein verklemmtes Heim entdecken. Für eine freundliche Grundatmosphäre sorgt schon die eigene Hausmusik. Es spielen: Georg (auf dem Klavier), Joseph junior (auf der Geige), Joseph senior (auf der Zither). »Gemütlich, wie aus der guten alten Zeit«, habe er es stets empfunden, wenn er zu Besuch kam, so Ratzingers Jugendfreund Franz Niegel, alles sei »sehr einfach, sehr bescheiden« gewesen. Der Vater immerhin hat kein Problem damit, am Herd zu stehen, wenn seine Frau nicht zur Stelle ist, und Besucher erinnern sich an einen Mann, der mit Schürze vor der Haustüre steht, um seiner Familie zwar nicht die Füße zu waschen, aber allen zusammen regelmäßig die Schuhe zu putzen. Dass üble Nachreden nicht geduldet werden, gehört in diesem Haus ebenso zum Stil wie die aufmerksame Bewirtung von Gästen. Später, als die Söhne studieren, ziehen sich die Eltern jeweils respektvoll zurück, wenn die Herren Studiosi mit einem Kommilitonen zur Brotzeit erscheinen.

In einer Mischung aus Verpflichtung, Romantik und Neugierde auf das Geheimnis des großen Gottes beginnen die Kinder, ihren Weg zu gehen. »Mein Bruder hat in der Kirche ministriert, und ich hab Orgel gespielt.« Eine »ganz normale, gesunde, kernige Religiosität« sei das gewesen, so Georg. Es geht Stufe für Stufe, und der Anstieg zur Religion fällt zusammen mit einer zärtlichen Liebe zur Poesie, der Freude an Musik und Schrift, die einen hochheben kann in seiner ganzen Person, mit Leib und Verstand, Herz und Seele. Eine Freude, in der sich nicht nur ein wohliges Gefühl von Heimat empfinden lässt, sondern auch die Gewissheit, etwas erkennen zu können von der ewigen Wahrheit dieser Welt. Über religiöse Fragen wird untereinander nicht gesprochen. »Jeder hat das für sich ausgemacht«, berichtet Georg, »da war auch eine gewisse Gschamigkeit, eine Scheu, sich zu ›outen‹.« Warum auch? »Ich habe meinen Weg früh erkannt, und mein Bruder eben den seinen. Und wenn man den ersten Schritt getan hat, dann tut man auch den zweiten und dritten, ohne das jedes Mal zu thematisieren. Man hat einen Weg eingeschlagen – und den geht man weiter.«

Und dennoch: Ein wenig anders als die anderen sind die Ratzingers schon. Mit einer Mutter, die sich plagt und rackert und noch zusätzlich in Dienst muss, damit das Auskommen stimmt. Einem Vater, der sich fast schon wie ein jüdischer Rabbi um die geistliche Reifung seiner Kinder bemüht, einem unbestechlichen Gendarmen, der finanzielle Einbußen auf sich nimmt, um nicht einem verhassten Regime dienen zu müssen. Seine religiöse Überzeugung ist keine Gelegenheitsmoral, sondern die Grundposition für die Nichtvereinbarkeit mit der Ideologie der nationalsozialistischen Herrscher. Durch die vielen Umzüge bleibt die Familie in gewisser Weise fremd im Dorf, und ein wenig von der Seite angeschaut wird man selbst von der Riegerschen Verwandtschaft in Rimsting, die längst in bescheidenem Wohlstand lebt. Was umgekehrt die Ratzingers für sich verbuchen, ist ein

Stolz im Geheimen. Kein Hochmut, um sich über andere zu erheben und damit etwa den Mangel an Einkommen zu kompensieren, sondern demütige Freude über den geraden Weg, auf dem man Orientierung behält. Und natürlich der Stolz auf die Kinder, die alle blitzgescheit sind und aus denen einmal etwas Richtiges werden könnte. Möglicherweise etwas Respektables, vielleicht sogar ein Kardinal, wie es der Dreijährige im Kindergarten prophezeite.

Bereits im Alter von zehn Jahren lebt Joseph nach einem strikten Tagesplan. Nach Schule und Essen ruht er sich kurz auf dem Kanapee in der Wohnstube aus, anschließend macht er seine Hausaufgaben. »Er kann sehr intensiv arbeiten«, so Georg, »aber er braucht auch viel Schlaf.« Den nimmt er sich auch »und hat kein schlechtes Gewissen wie ich, wenn er mal bis halb acht Uhr schläft«. Nachmittags gibt er Nachhilfeunterricht oder übt auf der Geige. »Vieles ist ihm zugeflogen«, beobachtete der Bruder, »aber es steckt überall auch eine gewissenhafte Alltagsarbeit dahinter. Er hat sich immer sehr plagen müssen.« Und plagen wollen. Joseph liebt die Akkuratesse in der Erledigung der Aufgaben. Hinzu kommt, dass er schon als Volksschüler spürt, wie »die Lust am Lehren in mir erwacht«. Er habe zwar auch gerne Gedichte verfasst, erinnert sich Ratzinger, besonders angeregt aber habe ihn »das Weitergeben von Erkanntem«.

Maria besucht bald die Mittelschule, eine Haustöchterschule der Franziskanerinnen in Au am Inn, gleich in der Nähe. Ihr Landjahr macht sie beim Pfarrer in Aschau, der eine Kraft für seinen Bauernhof benötigt. Maria ist keine Schönheit, aber ein aufgewecktes, hochintelligentes Kind. Ihr Ziel ist, Lehrerin zu werden. Zunächst arbeitet sie im Eisenwarengeschäft Kreiler in Traunstein, später in der Anwaltskanzlei Schnappinger, eine Stellung mit Familienanschluss. Es ist die Zeit, als Joseph mit dem pensionierten Vater meist allein in Hufschlag lebt. Während die Mutter, weil die gekürzte Pension des Vaters nicht ausreicht, als Saisonkraft in Reit im Winkl arbeitet und der Bruder bereits im bischöflichen Internat wohnt, genießt er »das Abenteuerliche, Freie und Schöne eines alten Hauses mit seiner inneren Wärme«, malt Bilder oder liest »hingerissen Goethe« – weil ihm Schiller »ein wenig zu moralistisch« erscheint. Den Gottesdienst empfindet er als ein die Seele erhebendes Erlebnis, aber auch als intellektuelle Herausforderung. Es sei schon »furchtbar spannend« gewesen, »herauszubringen, was da eigentlich geschieht, was es bedeutet, was da gesagt wird«. Am liebsten zieht er mit dem pensionierten Vater, der sich als »begnadeter Erzähler« erweist und dem er nun »sehr nahe« kommt, über Stock und Stein – bis ein gewaltiger Umbruch seinem Idyll ein jähes Ende bereitet. Es ist der Dorfpfarrer, der darauf drängt, auch Joseph solle zusätzlich zum Besuch des Gymnasiums ins bischöfliche Seminar eintreten. In Zeiten wie diesen sei es unerlässlich, auf wohlgeordnete Weise ins geistliche Leben eingeführt zu werden. Für die Eltern bedeutet das ein weiteres finanzielles Opfer – für Joseph aber ist es ein richtiger Schock. »Ich gehöre zu den Menschen«, sagt er trocken in der Rückschau, »die nicht fürs Internat geschaffen sind.«

Die Aufnahmeprüfung besteht der Elfjährige mit Bravour, nur in Rechtschreibung gibt es eine Zwei. Ein ärztliches Zeugnis, das der Vater dem Aufnahmeantrag beilegt, bescheinigt, dass sich der Ernährungs- und Kräftezustand des Buben gebessert habe, trotz »mäßigem Untergewicht« sei er bei guter Gesundheit. Als er jedoch am 16. April 1939, am Tag seines zwölften Geburtstags, ins Studienseminar eintritt, beginnt ein Abschnitt großen Leidens. Genoss er soeben noch die Freiheit von Hufschlag, erlebt Joseph nun das Seminar als Kaserne, eingepfercht in einen Studiersaal mit etwa sechzig anderen Buben. Für die täglich zwei Stunden Turnunterricht kennt er nur ein Wort: »Folter«. Joseph ist nicht nur der Jüngste in der Klasse, sondern auch der Kleinste und daher, wie er sich erinnert, »fast allen an Kräften weit unterlegen«. Zwar seien die Kameraden einigermaßen »tolerant« gewesen, »aber es ist auf die Dauer nicht schön, von der Toleranz der anderen leben zu müssen und zu wissen, dass man für die Mannschaft, der man zugeteilt wird, nur eine Belastung darstellt«. Zum Vorschein kommt dabei eine Veranlagung, die sein Bruder mit »ein wenig menschenscheu« beschreibt. »Mit Leuten, die er nicht gekannt hat, war er sehr zurückhaltend.« Nüchtern bekennt der spätere Kardinal, es sei ihm in der Tat extrem schwergefallen, »mich in die Mentalität der Gruppe und in den Lebensrhythmus des Seminars einzugewöhnen«. Wenn überhaupt, ist eine Gemeinschaft im Grunde nur nützlich, um »den eigenen Standpunkt zu finden«. »Ich musste lernen«, formuliert er an anderer Stelle deutlicher, »aus meiner Eigenbrötelei herauszutreten und im Geben und Empfangen eine Gemeinschaft mit den anderen zu bilden: Für diese Erfahrung bin ich dankbar, sie war wichtig für mein Leben.«

Trotz aller inneren Widerstände gegen den Massenbetrieb ist

Joseph Klassenprimus. Ein Duckmäuser ist er nicht. Seine geistige Überlegenheit wird respektiert, wenn auch nicht neidlos. »Der Ratzinger hat Köpfchen«, ärgert sich ein Klassenkamerad, als Joseph als Einziger bei einer Skitour nicht mitmachen kann, weil er den Sport nicht beherrscht, »jetzt steht er schon wieder im Mittelpunkt.« Und nicht von ungefähr trägt sein Zeugnis der siebten Klasse einen Vermerk, den man bei ihm gar nicht vermutet: »übermütig«. Einmal wird er sogar zum Klassensprecher bestellt. Die Begründung des Lehrers: »Der Kleinste soll der König sein.«

Der Überfall auf Polen am 1. September 1939 markiert den Beginn des zweiten großen Krieges binnen weniger Jahrzehnte, mit Millionen von Opfern, der versuchten Totalvernichtung des jüdischen Volkes und einer moralischen Verheerung, die Deutschland über Generationen hinweg brandmarkt. Traunstein, eine mittelständische Behörden- und Schulstadt mit 10 000 Einwohnern, bleibt von der braunen Pest nicht verschont. Die Zeitung ist gleichgeschaltet, der Spitzenmann der Bayerischen Volkspartei, die bei den letzten freien Wahlen noch klar dominierte, wird in Dachau interniert. Es ist der Vater von Rupert Berger, der später gemeinsam mit den Ratzinger-Brüdern zum Priester geweiht werden sollte. Joseph macht die Erfahrung, dass Christentum nicht als Selbstverständlichkeit gegeben, sondern Stachel im Fleisch einer Gesellschaft ist, die Macht, Geld, Nationalismus höher schätzt als Frieden und Nächstenliebe. In den Schulen werden die Lehrpläne der faschistischen Ideologie angepasst. Ein Musiklehrer immerhin weist seine Klasse an, im Liederbuch den Text »Juda den Tod« zu überschreiben mit »Wende die Not«.

So lange wie möglich hatte der Direktor des Studienseminars – Evangelist Meir, »Rex« genannt – versucht, seine Zöglinge vor der HJ zu bewahren. Das Gesetz über die Hitlerjugend vom 25. März 1939 macht schließlich die Mitgliedschaft für alle Jugendlichen vom vierzehnten Lebensjahr an verpflichtend. Nichtbeachtung wird mit Geld- und sogar Haftstrafen für die Eltern geahndet. Bis dahin ist kein Einziger der Seminaristen der HJ beigetreten. Auch im Gymnasium, das als »schwarz«, also katholisch, gilt, bleibt ihr ein Drittel der Schüler fern. Mit dem 16. April 1941, seinem vierzehnten Geburtstag, muss aber auch Joseph einmal die Woche antreten, um im HJ-Heim vaterländische Vorträge zu hören. Der Scharführer lässt ihn vor den anderen exerzieren. Er will angeblich Josephs »schlechte Haltung« verbessern. Im Gegensatz zur sogenannten Stamm-HJ bekommen Pflicht-HJler wie die Ratzinger-Buben allerdings keine Uniform. Abgerechnet wird zum Schluss, drohen die Nazis, »nach dem Endsieg«. Was macht Joseph? Er hat seinen eigenen Kopf – und geht ganz einfach nicht mehr hin: »Das war schwierig, weil die Schulgeldermäßigung, die ich wirklich nötig hatte, mit dem Nachweis des HJ-Besuchs verbunden war.« Ein Lehrer bittet ihn: »Geh doch einmal hin, damit wir das haben.« Der Junge bleibt stur. Ratzinger später: »Als er sah, dass ich einfach nicht mochte, hat er gemeint: ›Ich versteh dich, ich bring das in Ordnung‹, und so konnte ich davon frei bleiben.«

Der Krieg erreicht Traunstein. Das Seminar ist den Nazis schon längst ein Dorn im Auge. »Schon bald nach der Machtübernahme«, berichtete die *Süddeutsche Zeitung*, »beginnt ein Kleinkrieg gegen die Kirche und ihre Nachwuchsanstalt. 1934 wird der Traunsteiner Pfarrer Josef Stelzle verhaftet, eine Bombe explodiert vor dem Pfarrhaus.« 1942 wird das Internat in ein Lazarett umgewandelt, die Schüler kommen in Ausweichquartiere. Am 8. Juni 1942 wird zunächst Georg einberufen, ein Jahr später wird der jüngere Bruder dienstverpflichtet und am 2. August 1943 zusammen mit den Traunsteiner Seminaristen als »Luftwaffenhelfer« zur Flugabwehr (Flak) nach München beordert. Erster Einsatzort ist eine Flakbatterie in Unterföhring, danach eine Großbatterie in Ludwigsfeld. Joseph dient in der Messabteilung. Seine Aufgabe ist es, »die anfliegenden Maschinen auszumachen und die Messdaten an die Geschütze weiterzugeben«. Dreimal die Woche dürfen die Schüler in die Stadt, die mehr und mehr in Trümmern versinkt, um am Max-Gymnasium ein sogenanntes »Notabitur« zu machen. Untergebracht sind die Flakhelfer in Baracken. Ein Elektrozaun trennt sie von einem Häftlingslager, wo Insassen des nahe gelegenen Konzentrationslagers Dachau Zwangsarbeit verrichten.

Nächster Einsatzort ist Gilching, westlich von München auf dem Weg zum Ammersee gelegen. Im Frühjahr 1944 kommen bei einem Direktangriff auf die Batterie etliche Kameraden ums Leben, Ratzinger bleibt unversehrt. Der Luftwaffenhelfer ist ein absolut unmilitärischer Mensch. In seiner Uniform wirkt er noch schüchterner und fremder, als er ohnehin ist. Abends schreibt er griechische Hexameter – es sind Spottverse gegen die Vorgesetzten. Aufgrund seiner linkischen Art und der Unfähigkeit zum Exerzieren gilt er als »der Schrecken der Unteroffiziere«. Einmal scheucht ein Befehlshaber die ganze Truppe in einer Strafaktion nachts im Gelände herum. Wer es wohl länger aushalte, schreit er: »Ich oder ihr?« Ratzinger tritt resolut vor und erklärt auf Bairisch: »Mir.« Im Herbst 1944 werden die Schüler für zwei Monate ins Burgenland an die österreichisch-ungarische Grenze abkommandiert. Ein riesiges Heer von Zwangsarbeitern aus ganz Europa soll hier noch einen »Südwall« errichten. Die Vorgesetzten sind überzeugte österreichische Nazis, »fanatische Ideologen, die uns kräftig tyrannisierten«. Hautnah erleben die jungen Arbeitsdienstler aus Oberbayern den »Leidensweg der ungarischen Juden« mit, »die in langen Zügen an uns vorüberzogen«.

Im Chaos des »Endkampfes« werden die Arbeiten an den Panzersperren und Schützengräben plötzlich eingestellt. Das Kommandogeschrei ist verstummt, die Kindertruppe bekommt ihre Zivilgewänder zurück, wird mit dem Zug in die Heimat geschickt. »Der Krieg tobte, wir aber waren drei Wochen wie vergessen.« Am 13. Dezember 1944 aber wird Joseph durch die Einberufung des Wehrmachtsamtes Traunstein doch noch Soldat. Er erhält eine Grundausbildung in der »1. Schützenausbildungskompanie des Grenadier-Ersatz- und Ausbildungsbataillons 179«, seine Erkennungsmarke trägt die Nummer 759. Fortan soll seine Truppe in voller Waffenrüstung singend durch die Stadt marschieren, um Durchhaltewillen zu demonstrieren. Als Anfang Mai die Meldung vom Tod Hitlers durchsickert, entschließt sich der Rekrut, auf eigene Faust die Kaserne zu verlassen. Dass auf Fahnenflucht die Todesstrafe steht, ist ihm bewusst. Tatsächlich hatten SS-Männer in der Umgebung zur Abschreckung bereits mehrere Fahnenflüchtige an Bäumen gehenkt. Joseph benutzt einen Schleichweg, und dennoch geht es schief: »Als ich aus einer Bahnunterführung heraustrat, standen da zwei Soldaten auf Posten, und für einen Augenblick war die Lage äußerst kritisch für mich.« Die Männer sehen den Jungen, der aufgrund einer Blutvergiftung mit der verbundenen Hand in einer Armschleife vor ihnen steht – und geben den Weg frei. Dafür tauchen nun aber SS-Schergen plötzlich im Haus der Eltern auf. Eine nicht ungefährliche Situation, zumal »mein Vater es nicht lassen konnte, sofort seine ganze Wut über Hitler ihnen ins Gesicht zu sagen, was normalerweise für ihn hätte tödlich enden müssen. Aber ein besonderer Engel schien uns zu schützen. Die zwei verschwanden am nächsten Tag, ohne Unheil angerichtet zu haben«.

Endlich sind die Amerikaner im Ort, und ausgerechnet das Ratzinger-Anwesen in Hufschlag machen sie zu ihrem Hauptquartier. Auf der Wiese vor dem Haus muss sich Hitlers letztes Aufgebot mit erhobenen Händen aufstellen, auch Joseph, dem seine Mutter noch schnell einen Grießbrei hinausträgt. Anschließend geht es in langen Tagesmärschen auf der leeren Autobahn in die Gefangenschaft. Bei einem Zwischenhalt in einem Lager in Bad Aibling trifft Ratzinger auf Günter Grass, der ihn als »netten Kerl« empfindet. Es ist ein endlos wachsender Zug geschlagener Soldaten, der nun zu einem riesigen Ackergelände bei Ulm führt. Bis zum Ende der Haft liegen hier 50 000 Mann bei Wind und Wetter im Freien. Die Verpflegung: ein Schöpflöffel Suppe und ein Stück Brot am Tag. Wichtigstes Utensil sind für Ratzinger Heft und Bleistift, die er geistesgegenwärtig zu Hause gerade noch einstecken konnte und womit er nun »Tag um Tag Gedanken und Überlegungen aller Art« aufzeichnet.« Als der Kriegsgefangene nach der Entlassung am 19. Juni 1945 nach Hause kommt und es aus der Traunsteiner Kirche beten und singen hört, es ist der Abend des Herz-Jesu-Freitags, bricht er in Tränen aus. »Das himmlische Jerusalem«, so jubelt er, »hätte mir in diesem Augenblick nicht schöner erscheinen können.« Wenige Wochen später kommt auch Bruder Georg aus Italien mit dem ersten Entlassungszug deutscher Kriegsgefangener nach Hause. Viele Familien haben Väter und Söhne verloren. Allein von Georgs Seminarklasse sind zehn Mitschüler im Krieg gefallen. Er setzt sich ans Klavier und stimmt ein Tedeum an, in das die heil gebliebene Familie in Dankbarkeit mit einfällt: »Großer Gott, wir loben dich.«

Der Terror des Naziregimes, so bekannte Papst Benedikt XVI., habe seine Entscheidung für das Priestertum nachhaltig beeinflusst. Nach dem allmählichen Hineinwachsen in das Geheimnis der Liturgie, einer ersten Auseinandersetzung mit der Wahrheit des Glaubens und der Erfahrung eines gottlosen, offen bösartigen Regimes ist er bereit, das größte aller Experimente einzugehen, die radikale Hingabe seiner Existenz an ein Leben mit Gott. Der Einberufungsbescheid zur Wehrmacht ist vermutlich das letzte Dokument, auf dem der Vorname des späteren Papstes, wie es auch auf dem Taufschein verzeichnet ist, noch mit »f« geschrieben wurde. Denn von Stund an ist aus einem »Josef« ein »Joseph« geworden: »An meinem Berufsziel gab es jetzt keine Zweifel mehr, ich wusste, wo ich hingehörte.«

STUDENT UND SEELSORGER

1947 | **Freising** Von 1946 bis 1947 studiert Joseph Ratzinger Philosophie an der Philosophisch-Theologischen Hochschule in Freising. Dieses Foto zeigt ihn ganz links neben drei Kommilitonen und stammt vermutlich aus den Semesterferien 1947.

Um 1945 | **München** Ähnlich verwüstet wie bei dieser Fronleichnamsprozession, die gerade die Theatinerkirche am Odeonsplatz passiert, stellt sich die Stadt München Joseph Ratzinger dar, als er 1947 nach dem Priesterseminar in Freising hier sein Theologiestudium beginnt.

1947 | **Traunstein** Joseph Ratzinger (ganz rechts) ministriert bei der Glockenweihe für die Kapelle am Buchfelln bei Traunstein. Vermutlich entstand das Bild im Sommer, bevor er sein Theologiestudium an der Münchener Universität antrat.

29. Juni 1951 **Freising** An diesem Tag wird Joseph Ratzinger von Michael Kardinal Faulhaber, dem Erzbischof der Diözese München-Freising, zum Priester geweiht.

29. Juni 1951

Freising Gleichzeitig mit seinem drei Jahre jüngeren Bruder empfängt auch Georg Ratzinger das Sakrament der Priesterweihe. Auch ihre Primiz werden sie gemeinsam feiern.

29. Juni 1951 | **Freising** Fast genau in der Bildmitte die Brüder Georg und Joseph (weiter hinten) bei der Prozession anlässlich ihrer Priesterweihe auf dem Freisinger Domberg: »Es ist gut so, du bist auf dem rechten Weg.«

29. Juni 1951

Freising Der wichtigste Tag im Leben des Joseph Ratzinger: Vor der imposanten Barockkulisse des Freisinger Doms, Inbild des bayerischen Katholizismus, in dem er verwurzelt ist, beginnt die Aufgabe der Berufung als »Träger der Geheimnisse Gottes«.

29. Juni 1951 | **Freising** Der wichtigste Moment im Leben des Joseph Ratzinger: Hier ist exakt der Augenblick dokumentiert, in dem ihn Kardinal Faulhaber durch das Auflegen der Hände und das Sprechen der Weiheformeln in den Priesterstand aufnimmt: »Adsum – ich bin da.«

Das ist der Tag den der Herr gemacht hat

1. Juli 1951 | **Traunstein** Rupert Berger, der in Traunstein eine Woche vor den Brüdern Ratzinger seine erste Gemeindemesse feiert, im Kreis seiner Freunde und Studienkollegen. Bergers Vater war von den Nazis in Dachau interniert worden.

1. Juli 1951 | **Traunstein** Georg und Joseph Ratzinger schreiten anlässlich der Primiz ihres Freundes durch die festlich geschmückten Straßen Traunsteins: »Endlich das Versäumte nachzuholen und Christus in seiner Kirche zu dienen für eine neue, bessere Zeit«.

8. Juli 1951 |
Traunstein

Georg ging voraus, und Joseph folgte nach, nun erteilen die Brüder gemeinsam den Primizsegen: »Man hat einen Weg eingeschlagen, und den geht man weiter.«

1. Juli 1951 | **Traunstein** Konzentriert blickt Joseph Ratzinger bei der Primiz von Rupert Berger zum Hochaltar. Zuvor hatte er noch seine erste Schrift fertiggestellt. Der Titel nimmt bereits die spätere erste Enzyklika vorweg: *Eröffnung über die Liebe.*

1934 | **München**

Der fröhlich grüßende Pfarrer Blumschein aus der Pfarrei Heilig Blut in München-Bogenhausen wird nach dem Krieg der Pfarrherr des jungen Kaplans Ratzinger. In das Foto ist der Stempel des Fotografen eingeprägt.

1954 | **München** Joseph Ratzinger im Gespräch mit seinem Pfarrherrn, dem Geistlichen Rat Max Blumschein, anlässlich von dessen 75. Geburtstag. Von Blumschein habe er gelernt, so Ratzinger, dass ein Priester für seine Berufung »glühen« müsse.

Um 1951 | **München** Pfarrer Blumschein mit Joseph Ratzinger und einem weiteren Kaplan. Religionsunterricht, Taufen, Beerdigungen, Singkreis und Jugendabende über Hölderlin und Kierkegaard: »Jeder konnte spüren, dass etwas Außerordentliches von ihm ausging.«

8. Juli 1951 | **Traunstein** Bildnis der Familie Ratzinger anlässlich der Doppelprimiz der Brüder Joseph und Georg: »Ganz normale, gesunde, kernige Religiosität«.

»Ich bin der Joseph, ich habe ein paar Fragen«

DER EINSTIEG IN DIE ABENTEUERLICHE WELT DES GEISTES UND DER PRIESTERSCHAFT

Der Krieg ist vorbei. Nach zwölf Jahren brauner Herrschaft liegt das »Tausendjährige Reich« des Bösen am Boden. Deutschland ist ein Trümmerfeld. Mit Millionen von Opfern, mit beispielloser Schuld. In Surberg bei Traunstein, der Heimatgemeinde der Ratzingers, werden noch in den letzten Tagen des Regimes einundsechzig halbverhungerte Gefangene von SS-Männern zunächst in einen Stall gepfercht, später an einem Waldrand erschossen – letztes Aufbäumen einer zerstörerischen Macht, die noch im Untergang versucht, so viele Menschen als möglich mit in den Abgrund zu ziehen, den sie selbst aufgerissen hat.

In dem nunmehr achtzehnjährigen Joseph Ratzinger ist nach aller Zerstörung und Erniedrigung die Grundlage seines Bewusstseins geschaffen. Es ist das Wissen, dass Gott existiert. Dass diese Welt materiell, aber auch geistig beschaffen ist. Dass das irdische Leben ein Anfang ist, sich die Ewigkeit zu verdienen. Dass dieser Gott nicht nur hilft, sondern auch verlangt, die Ordnung der Welt zu akzeptieren, und eines Tages Rechenschaft über das Leben jedes Einzelnen erwartet.

Das betrifft auch die Frage, ob die Wahrheit ein objektives Element der Schöpfung oder aber verhandelbar sei je nach dem Willen der oft so verführbaren Massen. In seinen Augen zeigt sich der Nationalsozialismus als der gestaltgewordene Dämon einer von Gott getrennten, rein auf Macht und Gewalt ausgerichteten Gesellschaft. Ein Absturz in das Böse, der im Grunde wiederholbar ist. Die Erfahrung des Terrorsystems begründet seine Überzeugung, dass der Kirche »die bloße institutionelle Garantie nichts nützt, wenn nicht die Menschen da sind, die sie aus innerer Überzeugung heraus tragen«.

Zunächst hilft er in Traunstein bei der Instandsetzung des Seminars, schleppt ausgelagerte Möbel und Bücherkisten in die frühere Schule. Am 2. Januar 1946 aber beginnt für ihn und seinen Bruder der ersehnte Weg ihrer Berufung – das Studium der Theologie. Es geht nicht darum, irgendwie ein Handwerk zu erlernen, sondern »den Glauben zu begreifen«. Vorausgesetzt, »dass der Glaube wahr ist. Dass er also den Zugang zum richtigen Verstehen des eigenen Lebens, der Welt und der Menschen eröffnet«. Bäuerinnen mit Obst und Geflügel, Gestalten in abgerissenen Uniformen und müde, aber hoffnungsfrohe Kriegsheimkehrer sind ihre Begleiter, als sie in einem völlig überfüllten Zug durch zerstörte Bahnhöfe nach München reisen.

Im bischöflichen Seminar zu Freising versammelt sich an diesem Tag eine Schar von etwa einhundertzwanzig Seminaristen, körperlich wie geistig ausgehungert, nicht unbedingt ein erbaulicher Anblick. Manche von ihnen sind bereits vierzig und damit alte Krieger, »die auf uns Junge wie auf unreife Kinder herunterschauten, denen die zum priesterlichen Dienst nötigen Leiden fehlten«, erinnert sich Ratzinger. Er selbst wacht in dieser Zeit immer noch nachts auf und glaubt, »wieder bei der Flak zu sein«.

Allmählich aber stellt sich ein Gefühl von Befreiung ein. Jeder sei froh gewesen, »durchgekommen zu sein«, auch wenn man »den neuen Anfang als unverdientes Geschenk« empfand: »Diese Dankbarkeit schuf einen alle beherrschenden Willen, nun endlich das Versäumte nachzuholen und Christus in seiner Kirche zu dienen für eine neue, bessere Zeit; für ein besseres Deutschland, für eine bessere Welt.«

Die Freisinger Studenten, die Priester werden wollen, verspüren vor allem eines: Hunger. Keinen gewöhnlichen Hunger. Es ist in erster Linie der »Hunger nach Erkenntnis« – gewachsen »in den Jahren der Dürftigkeit, der Ausgesetztheit an den geistfernen Moloch der Macht«. Pathetisch setzt Ratzinger in seinen Erinnerungen hinzu, dass niemand in seiner Umgebung in jenen Tagen daran gezweifelt habe, dass die Kirche »trotz mancher menschlicher Schwachheiten der Gegenpol zu der zerstörerischen Ideologie der braunen Machthaber gewesen« sei. In der ihm eigenen Diktion sagt er: »Sie war in dem Inferno, das die Mächtigen verschlungen hatte, stehen geblieben mit ihrer aus der Ewigkeit kommenden Kraft. Es hatte sich bewährt: Die Pforten der Hölle werden sie nicht überwältigen.«

Der Junge aus Hufschlag zählt zu den Feinsinnigen, Hintergründigen und Querköpfigen seines Stammes, Menschen wie Karl Valentin, den er sehr verehrt. Bei geselligen Veranstaltungen fallen die Ratzinger-Brüder nicht sonderlich auf, auch wenn Georg sich bereits als Organist engagiert. Für Geburtstage verfasst Joseph aber gerne Gedichte auf Latein und Griechisch, bestechend in ihrer Form, für die er Bewunderung erntet, und wenn andere sich zum Sport versammeln, sieht man ihn in der Freizeit lesend an seinem Pult. »Schon in Freising war der Sepp gleich so auffällig gescheit«, erzählt der Bayern-Dichter Georg Lohmeier, ein Ex-Kommilitone, »durch seinen scharfen Verstand und seine Formulierungsgabe. Er war sehr ernst und verschwiegen. Ein Muster an Gelehrsamkeit und Eifrigkeit. So eine Art heiliger Bernhard. Ich hab mir schon damals gedacht, vielleicht wird er ein Kirchenlehrer.« Eine »scharfe Intelligenz und die ungeheure sprachliche Begabung« stachen Mitstudent Rupert Berger aus Traunstein ins Auge: »Er spricht druckreif. Manchmal fast manieriert, aber immer faszinierend, vor allem für Frauen.«

Auf dem Domberg zu Freising gibt es zwei Studier- und zwei Schlafsäle. Die »Priesteramtskandidaten«, wie der offizielle Titel der Studenten lautet, teilen sich zunächst das Gebäude mit den Verwundeten und Schwerkranken des im Krieg eingerichteten Lazaretts. Der Tod ist ihr Begleiter, jede Woche finden mehrere Beerdigungen statt. Wenigstens gibt es zu essen, die Zulieferung kommt vom seminareigenen Bauernhof. In den Freistunden geht man spazieren, wer Glück hat, kann auch mal eine Karte für eine Theater- oder Opernaufführung ergattern, auch wenn sich viele über die seit Kriegsende populären Komponisten Werner Egk und Carl Orff eher amüsieren (»Egk mich am Orff«).

Die knappen Ferienzeiten verbringen die Ratzinger-Brüder zu Hause, feiern in der Stadtpfarrkirche St. Oswald täglich um acht Uhr Messe. Zelebrant ist der Geistliche Rat Georg Els, den seine Ministranten nur »Raketen-Schorsche« nennen, weil sie mit den vorgeschriebenen liturgischen Handlungen seinem Eiltempo kaum folgen können. Bei der Austeilung der Kommunion vernehmen die Gläubigen statt des feierlichen »Corpus Domini nostri Iesu Christi custodiat animam tuam in vitam aeternam« nur ein »Corps tam tam, Corps tam tam ...«

Im Freisinger Seminar herrscht eine Atmosphäre familiärer Gemeinsamkeit, zu der insbesondere Regens Michael Höck beiträgt. Als Priester war er fünf Jahre lang im Konzentrationslager Dachau interniert, weil er als Redakteur der *Münchner Kirchenzeitung* Hitler offen kritisiert hatte. Ein früher Mentor Josephs wird der um zwölf Jahre ältere Präfekt Alfred Läpple, mit dem ihn bis heute eine enge Freundschaft verbindet. Läpple hatte mit anderen im amerikanischen Kriegsgefangenenlager eine Art »Prisoner-of-War-University« eingerichtet, eine Gefangenen-Uni, und erste Vorlesungen gehalten. Als Motto diente ihm ein Satz des Religionsphilosophen Kierkegaard, den sich auch Ratzinger später zu eigen macht: »Das Christentum ist keine Lehre, sondern eine Existenzmitteilung.« Ratzinger sei ihm aufgefallen. Nicht wegen seiner Jugendlichkeit, sondern wegen seiner Wissbegierde und seiner existenziellen Art der Auseinandersetzung. »Ich bin der Joseph«, so sei er auf ihn zugekommen, »ich habe ein paar Fragen.«

Bald nach ihrer Machtergreifung hatten die Nazis die Kruzifixe aus Schulen und Amtsgebäuden entfernt. Im Münchener Frauendom ist nun der heruntergestürzte Christus, der über dem riesigen Trümmerhaufen der zerstörten Kirche liegt, das Sinnbild einer verführten Welt, die im Rausch eigener Herrlichkeit schnurstracks in die Hölle fuhr. Fast täglich berichten die Zeitungen vom Fortgang des Nürnberger Kriegsverbrecherprozesses. Fotos von Leichenbergen in den Konzentrationslagern zeigen das ganze Ausmaß des atheistischen Wahns. »Uns hat all das zutiefst schockiert«, berichtet Läpple. Vor allem habe die Seminaristen berührt, »dass Christen anderen Christen so etwas antun konnten«. In den Beichtstühlen knien nun Menschen, die Opfer der Nazis, aber auch Täter waren. Vielen ist es unmöglich, ihr Schicksal mitzuteilen. »Wir wollten Gott durch unsere Tat Dank sagen«, so Läpple über die Seelsorgearbeit im blutbefleckten Vaterland, »Gott hatte uns gerettet, aus dem Abgrund heimkehren lassen, und nur er, mit seiner Vergebung, konnte die Herzen heilen.«

Der Schriftsteller Ernst Wiechert beginnt in jenen Tagen seine Vorträge in der früheren »Hauptstadt der Bewegung« so: »Wir wissen, dass Tausende sich abgewandt haben von den Dämonen, und dass es langsam Hunderttausende und Millionen wurden. In den Nächten, wenn niemand sie sah, rangen sie die Hände zu ihrem Gott, und sie beteten um den Sieg der Feinde.« Was das für eine Nation bedeute, könne sich ein Unbeteiligter nicht vorstellen.

Die Frage, die sich der Überlebende Joseph Ratzinger stellt und die er nun an seinen Präfekten weitergibt, ist existenzieller Natur: »Wie hast du in dem ganzen Krieg deinen Glauben erhalten können?« Die Antwort Läpples muss ihm imponiert haben: »Durch das Gebet meiner Mutter – und weil ich weiß: Christus liebt mich, Christus braucht mich, und wenn ich gerettet bin, dann wird mich Christus auch *ver*brauchen.«

Um die Ratzinger-Brüder zu unterscheiden, nennt man den musikvernarrten Georg nur »Orgel-Ratz«, Joseph dagegen ist der »Bücher-Ratz«. »Er war wie ein trockener Schwamm, der Wasser aufsaugt«, so Läpple. »Seine wissenschaftliche Neugier war grenzenlos.« Stundenlang diskutieren sie voller Leidenschaft über einen Satz von Nietzsche – »Erlöster müssten seine Jünger sein, dass ich an ihren Erlöser glauben kann« – und über den Konvertiten John Henry Newman, einen furchtlosen englischen Kardinal, über dessen *Theologie des Gewissens* Läpple gerade seine Dissertation schreibt.

»Newmans Lehre vom Gewissen«, berichtet auch Ratzinger in einer späteren Predigt zum hundertsten Todestag des britischen Theologen, »wurde für uns damals zu einer wichtigen Grundlage des theologischen Personalismus, der uns alle in seinen Bann zog. Unser Menschenbild wie unser Bild von der Kirche wurde von diesem Ausgangspunkt her geprägt.«

»Wenn er etwas Neues hörte, sich korrigieren oder weiterbilden konnte«, beschreibt Läpple einen Wesenszug Ratzingers, »machte ihn das über alle Maßen glücklich.« Besonders auseinandergesetzt habe er sich mit dem Geschehen der heiligen Eucharistie: »Mache *ich* das, oder wer macht das?«, fragt er seinen Lehrer. »Habe ich eine Zauberkraft?« Läpple antwortet mit einem Satz des heiligen Johannes Chrysostomus, Goldmund genannt, weil seine Predigten von honigfließender Geschmeidigkeit waren: »Der Priester leiht Christus seine Gestalt, seine Worte, seine Gesten, seine Intention, aber es ist Christus, der das Wunder der Wandlung vollbringt.« Ratzinger habe das auf eine wundervolle Weise in sich aufgenommen. »Wenn ich Benedikt XVI. im Fernsehen sehe, wie er den Segen erteilt«, gesteht sein früher Lehrer, gehe es ihm noch heute »durch und durch«. Läpple: »Ratzinger kann nichts spielen, nichts vormachen, er hat eine überwältigende Herzlichkeit. Es tut ihm weh, wenn jemand nicht ehrlich ist, Theater spielt. Genau aus diesem Grund bedauert er es auch, wenn die Liturgie zu einer Art Theater degradiert wird. Weil man, wie er sagt, mit Christus so nicht umgeht.«

Probleme hat der Priesterseminarist mit Theologieprofessoren, die nicht wissen, wie man richtig Messe feiert. Diese »Altarfremdheit« ist ihm unverständlich und abstoßend. Abgestoßen aber fühlt er sich auch von Theologen, die es aufgegeben haben, fragende Menschen zu sein, sondern das Gefundene lediglich noch müde verwalten. »Schade um die Zeit«, raunt er am Ende solcher Vorlesungen. Besonders zu schaffen macht ihm ausgerechnet ein Thema, aus dem er später sein Bischofsmotto prägen wird: der Begriff der »Wahrheit«.

»Ratzinger konnte nicht verstehen«, erklärt Läpple, »wie man die Wahrheit als einen Besitz betrachten kann, den man verteidigen muss. Mit neuscholastischen Definitionen konnte er nichts anfangen, es kam ihm wie ein Kreis vor, bei dem alles, was innerhalb ist, Wahrheit, und was sich außerhalb befindet, Irrtum ist. Wenn Gott überall ist, sagte er, dann steht es sicher nicht mir zu, die Grenzen zu ziehen und zu sagen: Nur da ist Gott. Wenn Christus sagt, ich bin der Weg, die Wahrheit und das Leben, dann ist die Wahrheit ein Du, das dich zuerst geliebt hat.« Es sei völlig verfehlt, Gott mit abstrakten Begriffen zu definieren. Gott sei ein »Du«. Der Verstand komme immer nur bis an den Rand der Definition. Eine Theologie, die sich nur als eine analysierende, sezierende, nicht aber auch als eine hörende, eine kniende Theologie erweise, interessiere ihn nicht. Ein Ansatz, den er mit dem jüdischen Religionsphilosophen Martin Buber teilt. »Die beste Rede über Gott«, postulierte der jüdische Mystiker, »ist der Lobpreis Gottes.«

Bereits vor Kriegsbeginn, im Februar 1939, war die Theologische Fakultät der Universität München von den Nazis geschlossen worden – eine Strafaktion für die Weigerung Kardinal Faulhabers, der Berufung eines als Hitler-Anhänger bekannten Professors zuzustimmen. Am 1. September 1947 wechselt Ratzinger, nun zwanzig Jahre alt, vom Freisinger Domberg an die nun neu eröffnete Universität. Sein Bruder kommt nicht mit. Er will nur einfacher Priester und Kirchenmusiker werden. Die Gebäude der alten Uni sind noch zerbombt, so finden die Vorlesungen im Ausweichquartier in Fürstenried statt, dem ehemaligen königlichen Jagdschloss. »Dort hatte der unglückliche König Otto«, merkt Ratzinger in seinen Erinnerungen ironisch an, »die Jahrzehnte seines Wahnsinns verbracht.«

Die Wohnungen der Professoren, das Sekretariat, die Sitzungszimmer und Bibliotheken, die Studier- und Schlafräume mit den doppelstöckigen Betten – alle Einrichtungen sind im selben Haus untergebracht, in dem nicht nur junge Männer leben. Der Unterricht findet im Gewächshaus statt, glühend heiß im Sommer, eisig kalt im Winter. Die Stimmung ist zunächst »spröde«, ohne »die spontane Herzlichkeit« wie in Freising, das Essen karg. Obendrein: »Jedes Mal, wenn für einen Besucher ein ›Festessen‹ angesetzt werden musste«, berichtet Ratzinger 1977 als Münchener Bischof der *Süddeutschen Zeitung*, »hungerten wir, bei ohnehin kärglichsten Rationen, vier Wochen lang die Zutaten zusammen.« Trotzdem, es ist »eine unvergesslich schöne Zeit. Die Hoffnung des Neubeginns, die Aufbruchstimmung – auch im theologischen Bereich – hat uns wohl alle geprägt, und sie hat ja dann auch bis ins II. Vatikanum hineingewirkt«.

Der Mangel an Ausstattung mag beschwerlich gewesen sein, er wird indes leicht wettgemacht durch die Qualität des akademischen Lehrkörpers. Altes und Neues Testament, Kirchengeschichte, Moraltheologie, Fundamentaltheologie, in jedem Fach unterrichten die Koryphäen ihrer Zeit. Es sind inspirierte, grundsolide Lehrer, die sich aus allen Teilen des zerstörten und besetzten ehemaligen Deutschen Reiches zusammenfinden. Die unterschiedlichen Temperamente und Fraktionen – hier die Konservativen aus Breslau, dort die Liberalen aus Münster – entwickeln eine Spannung, aus der etwas Eigenes, ganz Neues entstehen kann. Ratzinger ist fasziniert: »Ich fand es wunderbar, in die große Welt der Geschichte des Glaubens einzudringen; weite Horizonte des Denkens und des Glaubens erschlossen sich mir, und ich lernte dabei, die Urfragen des Menschseins, meine eigenen Lebensfragen, zu bedenken.«

Das Unkonventionelle, der frische Ausdruck ist es, was den Sohn des Gendarmen aus Hufschlag so anzieht. Lehrern, die über diese Qualitäten verfügen, gehört seine ganze Sympathie, Menschen, die herausfallen aus dem glanzlos und dumpf gewordenen Schema. Einer davon ist Friedrich Wilhelm Mayer, Professor für Neues Testament, »der wegen seiner eigenständig progressiven Exegese ständig in Schwierigkeiten geriet«. Dass Mayer dabei als Modernist abgestempelt wird und nach römischer Weisung keinen weiteren Lehrstuhl bekommt, schert Ratzinger wenig, im Gegenteil: »Seine Energie im Umgang mit der Sache, seine explosive Dynamik, die Entschiedenheit seiner Ansichten: das beeindruckte mich tief.« Und überhaupt: »Das unbefangene Fragen aus den Horizonten der liberal-historischen Methode heraus schuf eine neue Direktheit zu den Heiligen Schriften und legte Dimensionen des Textes frei, die in der allzu fest gefügten Lektüre vom Dogma her nicht mehr wahrgenommen wurden. Die Bibel sprach mit einer neuen Unmittelbarkeit und Frische zu uns.« Über den Theologen Friedrich Stummer wiederum, »dessen Stärke in der streng historischen und philologischen Arbeit lag«, taucht Ratzinger ganz neu in den Kosmos des Alten Testamentes ein, wodurch er »immer mehr verstand, dass das Neue Testament nicht ein anderes Buch einer anderen Religion ist«, sondern alle Heiligen Schriften zusammengenommen insgesamt das Geheimnis Christi offenbaren.

Für eine unangepasste, souveräne Haltung steht auch der Theologe Gottlieb Söhngen, ein Pädagoge wie aus dem Lehrbuch, extrovertiert, fröhlich, originell. In seinen Vorlesungen spricht er vollkommen frei. Als Anhaltspunkt genügt ihm ein kleiner Zettel mit drei, vier Stichworten – und ein paar Fragezeichen. Und sobald ihn ein Geistesblitz trifft, stellt er sich vom Pult weg mitten unter seine Hörer. Söhngen nimmt mit seinen Schülern den Disput mit den protestantischen Reformkräften Karl Barth und Emil Brunner in Zürich auf. Er steigt in die Mysterientheologie des Benediktiners Odo Casel ein. Er verbindet seine Vorlesungen mit Husserl, der mit seiner Phänomenologie den Zugang zur Metaphysik einen Türspalt weit geöffnet hatte. Hinzu kommen Heidegger, der nach dem Sein, und Scheler, der nach den Werken fragt. Oder auch Nicolai Hartmann, der wiederum eine Metaphysik in streng aristotelischem Geist zu entwickeln versucht. Der Glaube ist Mysterium, sagt Söhngen, und Gott teilt sich nicht mittels statischer Begriffe mit, sondern in seiner Geschichte mit den Menschen.

Ausgerechnet der temperamentvolle Rheinländer, der aus einer katholisch-evangelischen Mischehe stammt und den schon aufgrund eigener Herkunft die Frage der Ökumene bewegt, wird die prägende Gestalt für die theologischen Lehrjahre des späteren Papstes. Sein Lehrer, so charakterisiert Ratzinger später die besondere Qualität dieses Theologen, sei jemand gewesen, der »immer von den Quellen selbst her dachte – angefangen bei Aristoteles und Platon über Clemens von Alexandrien und Augustinus hin zu Anselm, Bonaventura und Thomas, zu Luther und schließlich zu den Tübinger Theologen des vorigen Jahrhunderts«. Von den Quellen her denken: Diese Grundposition wird später geradezu ein Markenzeichen auch für Ratzingers Theologie. »Er hat immer die Schrift zitiert und stets den Bogen zu den Problemen und Herausforderungen der Gegenwart gespannt«, bestätigt Läpple. Auch als Papst setze er in seinen Homilien »immer von einem Schriftwort und einem Kommentar der Väter« her an. Alles andere sei für Ratzinger »keine gute Exegese«. »Das ist für ihn *Traditio vivens*, lebendige Überlieferung.«

Noch ein Charakteristikum mag Ratzinger von Söhngen übernehmen. Während in dieser Zeit kritische Kirchenmänner wie der Franzose Henri de Lubac, mit dem Ratzinger später freundschaftlich verbunden ist, Lehrverbot erhalten, lehnt es sein Meister ab, einen interessanten Denker a priori wegzusperren, egal von welcher Seite er auch kommen mag. Wichtig ist ihm, ob sich die neuen Stränge der Wissenschaft integrieren lassen, um das Beste eines jeden Autors einzubinden, oder ob es sich um theologischen Sprengstoff handelt, der entschärft gehört. Was seinen Studenten betrifft, so hat Söhngen gehörigen Respekt vor diesem Talent. Mehr noch. Es gehe ihm mit Ratzinger so, äußert er einmal, wie es Albertus Magnus im Mittelalter mit Thomas von Aquin ergangen sei. »Mein Schüler«, hatte Albertus angekündigt, »wird noch lauter brüllen als ich.«

Ein für die Reifung des jungen Ratzinger nicht unmaßgeblicher Impuls ist die Begegnung mit August Adam, einem der seltsamerweise ein wenig vergessenen großen katholischen Theologen des zwanzigsten Jahrhunderts. Seine Berufung auf einen Lehrstuhl für Moraltheologie an der Hochschule Passau wurde von Kreisen verhindert, die in Adams Ansichten zur Sexualmoral einen Abgrund an Schamlosigkeit vermuteten.

Die Anfeindungen wurden noch schärfer, als 1931 Adams *Primat der Liebe* erschien, jene Schrift, die der heutige Papst als »eine Schlüssellektüre meiner Jugend« bezeichnete. Adams Postulat lief darauf hinaus, Geschlechtlichkeit und Sexualität offen und entschieden positiv zu bewerten: »Die Liebe von Mann und Frau, die der Schöpfer als einen der mächtigsten Triebe zur Erhaltung der Art in das Menschenherz gelegt hat, ist auch eine der stärksten Kraftquellen der menschlichen Kultur.« Der Sexualtrieb sei nicht als »unrein«, sondern als »Geschenk« zu betrachten, der durch die Caritas, die Nächstenliebe, seine Heiligung erfährt: »Im Eros begegnen sich Lust und Liebe, das Sinnliche und das Geistige zu engem Bunde, lusterfüllt und energiegeladen. Die Caritas aber ist der christliche, getaufte Eros, der die Antriebe der natürlichen Liebe noch steigert, weil er seine Kräfte aus übernatürlichen Quellen speist. Aus ihr gehen alle sittlichen Energien hervor, die wir Tugenden nennen.«

Der Theologe hielt dabei strikt an der Sexuallehre der Kirche fest. Er wurde nicht müde, darauf hinzuweisen, dass der Vorwurf der Sinnenfeindlichkeit gegenüber dem Christentum jeder Grundlage entbehre. Gleichzeitig forderte er aber dazu auf, nicht die Keuschheit, die von vielen seiner Theologenkollegen nahezu als Selbstzweck betrachtet wurde, als Zentrum aller Tugenden zu sehen, sondern die Liebe. »Die Liebe ist das lodernde Feuer«, formulierte er, »das im jugendlichen Herzen die Kraft zu allen Idealen entfacht, die Energiequelle, die in Gott über alle Mauern springt.« Erst aus ihr heraus könne wahre Keuschheit erwachsen – eine Inspiration, die exakt fünfundsiebzig Jahre später ihren deutlichen Niederschlag in *Deus caritas est* finden sollte, der ersten Enzyklika seines Lesers und bayerischen Landsmannes Benedikt XVI. Der Antifaschist August Adam, ein Gymnasiallehrer aus der Provinz, mag den jungen Ratzinger auch dadurch fasziniert haben, dass er vor Verbürgerlichung warnte und auf den radikalen Ruf nach persönlicher Heiligung pochte. Ansonsten werde der Gläubige zwar zu einem »korrekten« Christen, der sonntags die Messe besuche, im Anschluss daran aber über seinen Nachbarn herziehe.

Allmählich geht man daran, das frühere Seminar an der Ludwigstraße wieder aufzubauen. »Wir haben Steine geklopft und getragen«, erzählt Ratzinger, »im Herbst '49 konnten wir einziehen, in einen Querflügel ohne Dach. Über eine Maurerleiter kletterten wir in unsere Behausung, über diese Leiter kamen wir auch in den unbewohnbaren Teil des Hauses. Und diese Gelegenheit nutzten wir weidlich aus, um die ›Hausgeister‹ zu erschrecken, indem wir nachts ›geisterten‹. Sie beklagten sich natürlich angstvoll über den Spuk.«

Ratzinger fällt nicht nur als Spukgespenst auf. Er kann offenbar auch Pole zusammenbringen, die sich für gewöhnlich abstoßen, zumindest knistern, wenn sie aufeinandertreffen. So begeistert er sich beispielsweise für die konservative »Liturgische Bewegung«, die sich der Wiederentdeckung der Liturgie und ihrer Bedeutung für das ganze christliche Leben verschrieben hat, andererseits zeigt er keine Berührungsängste, wenn es darum geht, sich progressiven Herausforderungen zu stellen. Er interessiert sich für die Errungenschaften des Protestantismus, setzt sich mit dem Marxismus und der Existenzphilosophie Sartres auseinander, vertieft sich in den Hinduismus. Sein Freundes- und Bekanntenkreis zeichnet sich später dadurch aus, dass er Menschen unterschiedlichster Denkungsart zusammenbringt, die sich für gewöhnlich nichts zu sagen haben.

Aufbruch, Umbruch, Neuanfang, das sind Ratzingers Stichworte – ausgerichtet nicht auf modische Reformströmungen, sondern auf die grundsätzliche Überwindung der seit dem Beginn der Aufklärung dominierenden gottfernen Modelle des Denkens. Ausdrücklich lobt er den Münchener Philosophen und Physiker Aloys Wenzel, der das deterministische Weltbild der klassischen Physik für erledigt erklärt, oder auch den Moraltheologen Theodor Steinbüchel, der einer Wiederentdeckung »der seit Kant unzugänglich gewordenen Metaphysik« entgegensieht. Schon die Titel ihrer Werke scheinen ihn förmlich elektrisiert zu haben, ob das nun die *Philosophie der Freiheit* (Wenzel) ist oder der *Umbruch des Denkens* (Steinbüchel). Geradezu eine Offenbarung aber ist für Ratzinger die Entdeckung eines der ganz Großen der Kirche, der ihm forthin zu einer Art Alter Ego werden sollte: Augustinus. Er ist ein Mann von künstlerischem Empfinden, allseitiger Begabung und bohrender Reflexion, ein strenger, systematischer Theologe – jemand, dessen stürmisches Leben voller Abenteuer und Irrtümer eine gewaltige Umkehr erfuhr. Und während Ratzinger etwa zu Thomas von Aquin schwer Zugang findet – dessen »kristallene Logik« erscheint ihm »zu fest in sich geschlossen, zu unpersönlich und zu fertig« –, liebt er seinen Augustinus bezeichnenderweise deshalb, weil bei diesem »immer der leidenschaftliche, leidende, fragende Mensch direkt da« sei, einer, »mit dem man sich identifizieren kann«. Nicht von ungefähr wird der Heilige in der Volksfrömmigkeit als »Genie des Herzens« verehrt. Ratzinger nimmt später die Muschel, das Symbol, das an Augustinus' Versuch erinnert, die Weisheit Gottes auszuschöpfen, nicht nur in sein bischöfliches, sondern auch in sein päpstliches Wappen auf.

Ratzingers Weg zum Glauben ist gründlich, sein Ringen gilt der Aufgabe, auch intellektuelle Hindernisse, die der Religion scheinbar im Weg stehen, nicht einfach zu umgehen. Ein wenig ironisch bekennt er, es habe »keinen blitzartigen Erleuchtungsaugenblick gegeben, in dem ich nun erkannt hätte, dass ich Priester werden soll«. Auch »Erleuchtung in dem klassischen Sinne, so halb mystisch oder wie«, habe er nicht verspürt. Alles sei im Gegenteil »langsam mit mir gewachsen und musste auch immer wieder neu bedacht und neu erworben werden«. Seine Entscheidung für den Priesterberuf begründet er dennoch weniger theologisch oder rational, sondern mit einer spirituellen Anziehungskraft, einer Gottesbegegnung, die aus der Schönheit und dem Geheimnisvollen der alten römisch-katholischen Liturgie gekommen sei: »Der ästhetische Aspekt war so überwältigend, da es ein wirkliches Treffen zwischen Gott und mir war.« Dem nüchternen Theologen gehen solche Worte nicht leicht über die Lippen. Er weiß um die Missverständlichkeit von Zeugnissen aus dem mystischen Raum und bemüht sich in allem, was sein persönliches Glaubensleben betrifft, um äußerste Zurückhaltung. Gerade im Nachhinein liest sich deshalb sein Bekenntnis wie eine leise Prophetie im Hinblick auf sein heutiges Papsttum: »Ich war überzeugt – ich selbst weiß nicht, wie –, dass Gott etwas von mir wollte, das nur erreicht werden konnte, indem ich Priester wurde.«

Auch wenn die Würfel längst gefallen sind, Zweifel und Anfechtungen gibt es dennoch. Nicht nur, weil in Fürstenried das Zusammenleben »zwischen Studenten und Studentinnen eng« ist, sodass die Frage des Verzichts »durchaus praktisch war«. Katholisches Priestertum ist das Außergewöhnliche der menschlichen Existenz, ein Leben, das sich von Gott gerufen fühlt. Es strebt nicht in erster

Linie nach Erkenntnis, sondern zum Dienst an der Botschaft des Evangeliums. Eine Herausforderung, die auch herausgefordert wird: von Anfechtungen, Zweifeln, fremden Einflüsterungen. Dunkel verzeichnet Ratzinger in dieser Phase eine »Zeit großer erlittener Entscheidungen«. Zwar habe er beispielsweise »nie ein direktes Verlangen nach Familie« gespürt, er sei aber, wie er es ausdrückt, »auch durch Freundschaft berührt worden«. Vor allem wird dem Studenten klar, »dass zum Priesterberuf mehr gehört als die Freude an der Theologie«. »Ich konnte ja nicht Theologie studieren«, sagt er, »um Professor zu werden, auch wenn dies mein stiller Wunsch war.« Könne einer wie er, fragt sich der Kandidat, der sich als »eher schüchtern und recht unpraktisch« einschätzt, als Kaplan katholische Jugendliche führen? Könne er »Zugang zu den Menschen finden«, mit Kindern, Alten und Kranken umgehen? Werde er es schaffen, »ein Leben lang den Zölibat zu bestehen«?

Der frühere Kardinal hat Außenstehenden nur ansatzweise Einblick in die inneren Gärungen seiner Berufung gewährt. Als Papst machte er beim Weltjugendtag in Köln anlässlich einer Begegnung mit Priesterseminaristen eine Ausnahme. Das »Geheimnis des Rufes«, erklärte er den Prozess, der sich so oder so ähnlich wohl in seiner eigenen Biografie zeigte, sei, dass »Christus einlädt, alles zu verlassen, um ihm in engerer Verbindung nachzufolgen«. Wer sich darauf einlasse, erlebe »die Schönheit der Berufung in dem Moment, den wir als Zeit des ›Verliebtseins‹ bezeichnen könnten. Sein Inneres ist erfüllt von einem Staunen, das ihn betend sagen lässt: ›Herr, warum gerade ich?‹« Das Seminar sei dann eine Zeit des Weges, der Suche, vor allem aber der Entdeckung Christi, die eine atemberaubende Dynamik entwickeln könne, denn: »Je besser du Jesus kennst, umso mehr zieht dich sein Geheimnis an; je tiefer du ihm begegnest, umso mehr drängt es dich, ihn zu suchen.« Dies sei »eine Bewegung des Geistes, die das ganze Leben hindurch fortdauert und die im Seminar eine Zeit voller Verheißungen erfährt, sozusagen ihren Frühling«. In seiner Reifung sehe ein Christ schließlich »Kirche nicht mehr ›von außen‹, sondern empfindet sie ›von innen‹, als sein Haus, weil sie das Haus Christi ist, wo ›Maria, seine Mutter‹ wohnt«. Gerade mit Maria könne er lernen, »Ihn gewissermaßen zu sehen, zu berühren und in die Arme zu nehmen. Maria lehrt ihn, Jesus mit den Augen des Herzens zu betrachten und von ihm zu leben«. Am Ende bedürfe es jedoch noch eines weiteren Schrittes. Christen müssten »ihren Begriff von Macht, von Gott und vom Menschen ändern«. Die Macht Gottes sei »anders als die Macht der Mächtigen der Welt. Die Art, wie Gott wirkt, ist anders, als wir es uns ausdenken und ihm gerne vorschreiben möchten … Und das bedeutet, dass sie nun selbst anders werden, Gottes Art erlernen müssen«. Gläubige Christen müssten »Menschen der Wahrheit, des Rechts, der Güte, des Verzeihens, der Barmherzigkeit werden«.

»Wenn ich auf die spannenden Jahre meines Theologiestudiums zurückschaue«, so Ratzinger über seine Lehrjahre, »kann ich mich nur wundern über all das, was heute über die ›vorkonziliare‹ Kirche behauptet wird. Wir alle lebten in einem wohl schon in den Zwanzigerjahren aufgekommenen Gefühl des Aufbruchs, einer mit neuem Mut fragenden Theologie und einer Spiritualität, die Veraltetes und Verstaubtes abtat, um zu neuer Freude der Erlösung zu finden. Das Dogma wurde nicht als äußere Fessel, sondern als die lebendige Quelle verstanden, die überhaupt Erkenntnis ermöglichte.« Schlussexamen ist im Sommer 1950. Ratzingers Lehrmeister Söhngen hat ein gutes Gespür für Neigung und Begabung seines Zöglings und gibt ihm mit dem Thema der Doktorarbeit – »Volk und Haus Gottes in Augustins Lehre von der Kirche« – entscheidende Impulse. Ratzinger nimmt mit seiner Augustinus-Arbeit anonym an einer Preisaufgabe teil – sie wird umgehend als Dissertation angenommen. Das Prädikat versteht sich von selbst: Summa cum laude.

Am 29. Juni 1951 ist im Dom zu Freising Priesterweihe. Es ist ein strahlender Sommertag, Ratzinger empfindet ihn »als Höhepunkt des Lebens«. Als durch Kardinal Faulhaber der Aufruf ertönt, antwortet es aus vierzig Kehlen: »Adsum – ich bin da«. Ein ganz spezielles Erlebnis gräbt sich in dieser Stunde in sein Gedächtnis ein. Man solle ja nicht abergläubisch sein, erzählt er, »aber als in dem Augenblick, in dem der greise Erzbischof mir die Hände auflegte, ein Vöglein, vielleicht eine Lerche, vom Hochaltar in den Dom aufstieg und ein kleines Jubellied trällerte, war es mir doch wie ein Zuspruch von oben: Es ist gut so, du bist auf dem rechten Weg.«

Die Kaplanszeit des frisch geweihten Priesters beginnt ziemlich unorthodox: mit einer »Ausleihe«. Statt in der Pfarrei Heilig Blut in München-Bogenhausen anzutreten, wird er nach Moosach geschickt, ein Dorf in der Großstadt, das 12 000 katholische Seelen zählt und durch das täglich die Erntewagen rollen. Es ist der Sprung ins kalte Wasser. Der zuständige Pfarrer im Krankenhaus, der Kaplan in Urlaub, der Mesner auch und die Pfarrschwester sowieso: »Es passierte so ungefähr alles, was passieren konnte.« Da auch die Nachbarpfarreien nur schwach besetzt sind, muss der Anfänger noch dazu fast täglich einen Menschen auf seinem letzten Weg begleiten. »Beerdigen«, merkt Ratzinger trocken an, »das habe ich damals gelernt.«

Vier Wochen später, am 1. August 1951, beginnt der eigentliche Dienst in Heilig Blut. Mit ausgedehnten Radtouren, bergauf, bergab, macht ihn der örtliche Pfarrer, der spindeldürre Geistliche Rat Max Blumschein, mit seinem neuen Wirkungsfeld bekannt. Und ab sofort hält der Neue den ihm anvertrauten »Seelen« jeden Sonntag zwei bis drei Predigten, wobei Ratzingers Kinderpredigten zunehmend auch von Erwachsenen besucht werden. Von sechs bis sieben Uhr sitzt der Herr Kaplan im Beichtstuhl, um sieben Uhr ist Messe, um acht beginnt sein Unterricht als Religionslehrer an der Gebeleschule – sechzehn Wochenstunden Religion in sechs verschiedenen Klassen. Zum gewöhnlichen Tagesdienst kommen abends Jugendarbeit, jede Woche Hochzeiten und Taufen und am Samstagnachmittag noch vier Stunden zusätzliches Beichthören. Von den Treffen der Dienstmädchen allerdings soll er sich fernhalten, die zuständige Gruppenleiterin findet ihn dafür noch zu jung. Ein Priester müsse »glühen«, beschwört Prälat Blumschein den jungen Kaplan und macht es selbst vor, als, wie Ratzinger befindet, »Inbild eines guten Hirten; kein Intellektueller, aber ein Mensch, der durchdrungen war von seiner Aufgabe und der auch sehr gütig gewesen ist«. Besonders imponiert dem Absolventen wohl, dass dieser Priester »mit seiner schlichten Gläubigkeit die vorwiegend intellektuellen Mitglieder seiner Pfarrei mehr beeindruckte, als ich es mit intellektuellen Reden gekonnt hätte«.

In München-Bogenhausen erinnert man sich heute an den Kaplan als eine »sehr schmale Gestalt«. Er habe eine »zurückgenommene, fast schüchterne Art« gezeigt, so Konrad Kruis, damals Ministrant, inzwischen pensionierter Richter am Bundesverfassungsgericht. Gleichwohl sei da eine »freundlich-zugewandte Menschlichkeit« aufgefallen, die »ein wahrhaft liebevolles Wesen leuchten ließ«. Kruis: »So gläubig und fromm er war, er integrierte sich ganz unter seine Pfarrkinder. Das heißt, er verzichtete auch darauf, in irgendeiner Weise seinen geistlichen Stand oder seine wissenschaftliche Ausrichtung hervorzukehren.« Die jungen Leute seien »in seinem Bann« gewesen. Nicht nur wenn es um Ratzingers bald weithin bekannte Jugendmesse jeden Donnerstagmorgen um 6.05 Uhr ging, um die Bibelabende (mit der Interpretation der Geheimen Offenbarung des Johannes) oder den Singkreis (in dem mit Hingabe Motetten und Madrigale eingeübt wurden), sondern auch bei Fasching und Oktoberfest. Besonders gefragt waren die Jugendabende in einem alten, unverputzten Ziegelbau, wo Ratzinger Diskussionen über Hölderlin und Kierkegaard führte oder seinen Zuhörern erklärte, dass der Mensch Gott mit dem Licht der natürlichen Vernunft erkennen könne. »Jeder konnte spüren«, so Kruis, »dass der junge Priester, der ihm begegnete, mit spirituellen wie intellektuellen Gaben reich ausgestattet war und etwas Außerordentliches von ihm ausging.«

Ratzinger muss allerdings auch erkennen, dass unter Hitlers Umerziehung eine ganze Generation für den christlichen Glauben verloren gegangen war. In der Seelsorge vor Ort wird ihm deutlich, »wie weit die Denk- und Lebenswelt vieler Kinder vom Glauben entfernt war, wie wenig der Religionsunterricht noch Deckung im Leben und Denken der Familien fand«. *Die neuen Heiden und die Kirche* lautet der Titel eines frühen Aufsatzes, der ihm damals noch lebhafte Schelte einträgt. Die Strenge seiner Haltung lag womöglich auch in dem Erbe seiner Pfarrei begründet. Dass Ratzinger gerade in Heilig Blut seinen Dienst als Priester beginnt, einer Gemeinde mit einer Reihe von Opfern des faschistischen Regimes, mag ihm als Symbol gegolten haben. In Bogenhausen hatte Pfarrer Blumschein nicht nur die Widerstandskämpfer Ludwig Freiherr von Leonrod und Franz Sperr, einen früheren Staatsminister, in den Tod gehen sehen, sondern auch die beiden Vorgänger Ratzingers: Kaplan Hermann Joseph Wehrle und den Jesuitenpater Alfred Delp. Von Wehrle, einem Mystiker, der nachts stundenlang vor dem Allerheiligsten betete, liest Ratzinger in einer Tagebucheintragung: »Ich habe erfahren, dass für mich der Anfang der Mystik im Gebet vor dem Herrn im Tabernakel ist.« Und weiter: »Du musst dich vom Herrn in seine ganz persönliche Schule nehmen lassen. Er wird dich formen, aber sicher anders, als du es erwartest.« Noch im Gericht hatte der Kaplan den »Führer« als Tyrannen gebrandmarkt, als Mitwisser des Stauffenberg-Attentates vom 20. Juli 1944 wird er gleich mit der Urteilsverkündung hingerichtet. »Welch schöner Tag«, kritzelte er auf einen Zettel, »heute Kreuzerhöhung.« Pater Alfred Delp hatte in Nachtaktionen mit

Müttern und Schülern die von den Nazis entfernten Schul-Kruzifixe erneuert und arbeitete im Kreis um Hellmuth James Graf von Moltke mit, um ein Modell für eine neue Gesellschaftsordnung nach dem Ende des Hitler-Staates zu entwickeln. Nach dem Scheitern des Attentates auf Hitler verhaftet, wurde er wegen Hoch- und Landesverrats kurz vor Kriegsende am 2. Februar 1945 gehenkt. Das Angebot einer »Freilassung gegen Ordensaustritt« hatte Delp abgelehnt.

Über ein Jahr lang betreut der junge Seelsorger seine Pfarrei, bis er am 1. Oktober 1952 als Dozent ans Freisinger Priesterseminar berufen wird. Zum Ende des Sommersemesters 1958 wird er auch noch den Lehrstuhl für Dogmatik und Fundamentaltheologie an der Philosophisch-Theologischen Hochschule, ebenfalls in Freising, übernehmen.

Hatte Ratzinger gerade noch Angst vor der Gemeindearbeit, vermisst er als Dozent nun umgekehrt die Beziehung zu den Menschen vor Ort. Er leidet regelrecht unter dem Verlust »der von der Seelsorge geschenkten Fülle menschlicher Beziehungen und Erfahrungen« und überlegt sogar, »ob ich nicht doch besser hätte in der Pfarrseelsorge bleiben sollen«. Inzwischen hatte der frischgebackene Dozent Eltern und Schwester zu sich in eine gemeinsame Wohnung auf dem Freisinger Domberg geholt. Neben den Vorlesungen arbeitet er an seiner Habilitation mit einer ebenfalls von Söhngen vorgegebenen Arbeit. Nachdem die Promotion ein Thema aus der Vätertheologie behandelt hatte, sollte er sich nun nicht nur dem Mittelalter zuwenden, sondern nach der Lehre von der Kirche (Ekklesiologie) auch der Fundamentaltheologie – und nach Augustinus dem Franziskaner Bonaventura. Die Aufgabe, die ihm Söhngen ans Herz legt: der Begriff der Offenbarung. Die Wahl des Themas sollte sich noch als besonders segensreich erweisen. Zunächst aber beginnen sich dunkle Wolken über dem Theologen zusammenzuziehen. Ganz wie es in der Schrift heißt: »Wer mit Tränen sät, wird mit Jubel ernten.«

Es fängt schon nicht gut an. Zum Abtippen seines handgeschriebenen Manuskriptes war Ratzinger an eine Schreibkraft geraten, die »meine Nerven durch ein Übermaß von Fehlern aufs Äußerste strapazierte«. Immer wieder gehen zudem ganze Seiten verloren, manchmal ganze Kapitel, die aus dem Gedächtnis nachgeschrieben werden müssen. Es kommt noch schlimmer. Als die Arbeit endlich auch schrifttechnisch abgabereif ist, stellt Söhngen zwar eine begeisterte Würdigung aus. Aber nun kommt Professor Schmaus ins Spiel, der Koreferent. Schmaus hat einen Namen. Schmaus hat sogar einen weiblichen Fanklub, die sogenannten »Schmausinen«. Und Schmaus sagt: »Nein.« Für den jungen Dozenten ist es wie ein Stich mitten ins Herz. »Eine Welt drohte für mich zusammenzubrechen«, berichtet Ratzinger. Zuallererst denkt er an die Eltern, »die guten Glaubens zu mir nach Freising gekommen waren«. Was sollte aus ihnen werden, »wenn ich nun als Gescheiterter von der Hochschule gehen musste«? In seiner Not überlegt er sogar, sich um eine Kaplansstelle mit zugehöriger Wohnung zu bewerben: »Aber eine besonders tröstliche Lösung war das nicht.«

Was war geschehen? Ratzinger hatte es ganz einfach gewagt, als noch nicht etablierter Newcomer die Positionen des berühmten Professors, der in seinen Augen »die großen neuen Erkenntnisse überhaupt nicht wahrgenommen hatte«, mit aller Schärfe zu kritisieren. Tatsächlich hatte Ratzinger mehr herausgefunden, als er herausfinden sollte. Entgegen aller Erwartungen selbst seines Lehrmeisters Söhngen stellt er fest, dass es bei Bonaventura wie wohl bei allen Theologen des dreizehnten Jahrhunderts noch keine Entsprechung zu jenem Begriff der »Offenbarung« gegeben habe, wie er heutzutage verstanden wird. Diese Vokabel habe sich lediglich als Oberbegriff für die Heilige Schrift eingebürgert. Offenbarung, befand Ratzinger, sei aber »immer größer als das bloß Geschriebene«. Sie gehe der Schrift voraus und sei nicht einfach mit ihr identisch. Im Grunde hatte Ratzinger damit eine nicht unbedeutende Entdeckung gemacht, die insbesondere auch das Verhältnis zu den Protestanten betraf, die sich ausschließlich auf die Schrift berufen. Ratzinger: »Und das bedeutet, dass es ein reines ›Sola scriptura‹ (durch die Schrift allein) nicht geben kann, dass zur Schrift das verstehende Subjekt Kirche gehört, womit auch schon der wesentliche Sinn von Überlieferungen gegeben ist.«

Kurz und gut, Schmaus ist nicht begeistert. Die Arbeit ist mit Randglossen in allen Farben versehen. Es werde wohl Jahre dauern, bemerkt der Chefgelehrte süffisant, der in dem Habilitanden einen gefährlichen Modernisierer wittert, die Umarbeitung zufriedenstellend abzuschließen. Die Folge: Ratzingers Lehrtätigkeit an der Hochschule wäre damit beendet gewesen. Aus. Vorbei. Oder doch nicht? Es muss ein ganz besonderer Engel gewesen sein, der den stillen Hilferuf des Verzweifelten vernommen hat, denn plötzlich rettet ein Geistesblitz von beeindruckender Pragmatik die Situation. Schon vierzehn Tage später gibt Ratzinger seine Schrift erneut ab – sie wird am 21. Februar 1957, dem Tag der öffentlichen Habilitationsvorlesung vor dem applaudierenden Auditorium eines völlig überfüllten Hörsaales, angenommen. Es war ein Geniestreich. Ratzinger hatte aus dem zweiten Teil, der weit weniger Anmerkungen enthielt als der erste und damit bereits unumkehrbar positiv beurteilt war, ganz einfach eine eigenständige Arbeit gemacht. Ein Exempel mit Folgen. Denn was seine eigenen Urteile betreffe, so verspricht der frischgebackene Professor, werde er selbst künftig niemals leichtfertig der Ablehnung von Dissertationen oder Habilitationsarbeiten zustimmen, »sondern, wenn irgend von der Sache her möglich, die Partei des Schwächeren ergreifen«.

Die Erfahrung von Naziterror und Völkermord ist die lebendige Erfahrung, auf deren Grundlage sich Ratzinger auch später dem Druck des jeweiligen Zeitgeistes entgegenstellt. »Eine Schar von Verbrechern« habe das deutsche Volk verführt, benutzt und missbraucht, so Papst Benedikt XVI. im Mai 2006 bei seinem Besuch des Konzentrationslagers Auschwitz. Die Formulierung brachte ihm Kritik ein. Aber es ging Ratzinger weder um kollektive Schuld noch um einen kollektiven Freispruch. Es war das, was er als Kind und Jugendlicher in seiner Heimat erlebt hatte, als eine Schar von Ideologen und kriminellen Elementen im Namen des neuen Menschen, den man schaffen wollte, in die bis dahin fest gefügte Welt der christlichen Überlieferung eingefallen war. Als Kardinal hatte er maßgeblichen Anteil nicht nur an den theologischen Grundlagen für den Dialog mit dem Judentum, sondern auch an der Bitte um Vergebung, die er im Auftrag Johannes Pauls II. öffentlich im Petersdom vortrug.

Ein weiterer Schlüssel für den Zugang zu Leben und Auftrag Joseph Ratzingers ist die von Kindheit an akkurate Vorbereitung auf ein Leben als Geistlicher in der Disziplin und Spiritualität des klassischen Priesterseminars. Hinzu kommt eine umfassende, grundsolide Bildung an der Universität alter Schule, die scheinbar Gegensätzliches bestens miteinander verbinden konnte: eine theologische Prägung, die ganz von der biblischen Schrift und von den Vätern der Kirche herrührt, und die Aufbruchstimmung der Nachkriegsära, die mit Authentizität und Frische den Glauben in die neue Welt tragen will. Die Erfahrung des II. Vatikanischen Konzils sollte für den Theologen schließlich zu einem weiteren Eckstein werden. Ratzinger hatte hierfür die entscheidende Plattform geliefert – und musste entsetzt mitverfolgen, wie der sogenannte »Geist des Konzils« uminterpretiert und instrumentalisiert wurde.

Die zentralen Themen, die sich im vorangegangenen Lebensabschnitt des heutigen Papstes herausbildeten, sind Wahrheit und Liebe. Wobei es für Ratzinger keine Liebe ohne Wahrheit und keine Wahrheit ohne Liebe geben kann. Was die Wahrheit betrifft, so habe er im Laufe seines geistigen Weges, berichtet der frühere Kardinal, »sehr stark das Problem empfunden, ob es nicht eigentlich eine Anmaßung ist zu sagen, wir könnten Wahrheit erkennen – angesichts all unserer Begrenzungen«. Seine Überlegung war, »wie weit man diese Kategorie nicht besser vielleicht zurückdrängen müsste«. In der intensiven Auseinandersetzung mit dieser Frage habe er allerdings beobachten und auch begreifen können, »dass der Verzicht auf Wahrheit nichts löst, sondern im Gegenteil zur Diktatur der Beliebigkeit führt ... Der Mensch entwürdigt sich selber, wenn er nicht Wahrheit erkennen kann; wenn alles eigentlich nur Produkt einer einzelnen oder kollektiven Entscheidung ist«. Die Liebe war wiederum nicht nur das zentrale Wort seines theologischen Leitsterns Augustinus, der als »Genie des Herzens« in die Geschichte einging. Der Liebe und dem Eros galt nicht nur die erwähnte »Schlüssellektüre meiner Jugend« von dem Theologen August Adam, sondern auch später das Werk seines Philosophenfreundes Joseph Pieper *Über die Liebe,* das mit Kapiteln wie »Das Gemeinsame von Caritas und erotischer Liebe« nahezu Vorformulierungen Ratzingerscher Positionen enthält.

In dieser Reihe scheint denn auch eine andere Duplizität auf. Sie betrifft Ratzingers erste Schrift als Student – und die erste als Papst. Von der einen gibt es nur zwei Exemplare, zunächst per Hand geschrieben, schließlich mit Schreibmaschine abgefasst; von der anderen sind einige Millionen erschienen. Die erste Veröffentlichung des Theologen ist die erstmalige Übersetzung eines Textes von Thomas von Aquin vom Lateinischen ins Deutsche: *Quaestio disputata de caritate – Eröffnung über die Liebe* betitelte Joseph Ratzinger die deutsche Fassung. Genau sechzig Jahre später folgte dieser Eröffnung der Hauptteil. Das Thema seiner ersten Enzyklika lag dem heutigen Papst also erkennbar auf der Seele, seit er mit Theologie in Berührung kam: »Deus caritas est – Gott ist Liebe.«

LEHRER UND GELEHRTER

1959 | **Freising** In Freising, wohin er Eltern und Schwester in die gemeinsame Wohnung nachholte, lehrte Ratzinger 1958 und 1959, dann folgte der Ruf auf den Lehrstuhl für Fundamentaltheologie in Bonn. Das Wandbild zeigt den von den Nazis verfolgten Jesuitenpater Rupert Mayer.

1959 **Bonn** Ein karges Zimmer, das wesentliche Koordinaten von Joseph Ratzingers Leben sichtbar macht: Porträts der Eltern, die ihn im Glauben erzogen; die Schreibmaschine als Werkzeug des Intellektuellen; und das Klavier, das auch seine musische Ader zeigt.

Um 1958 **Freising** Joseph Ratzinger hält eine Vorlesung als außerordentlicher Professor an der Philosophisch-Theologischen Hochschule in Freising. Aus dem Begriff der »Wahrheit«, den er zunächst als problematisch betrachtet, entsteht später sein Wahlspruch.

ELORVM TV ES PETRVS

September 1962 | **Vatikan** Papst Johannes XXIII. gibt den Teilnehmern des II. Vatikanischen Konzils den Auftrag, »die Lehre rein und vollständig zu übermitteln«. Der katholische Glaube solle »den Erfordernissen unserer Zeit« entsprechen, allerdings »ohne Abschwächungen oder Entstellungen«.

1960 | **Bonn**
Professor Ratzinger bereitet sich in der Bibliothek des Fundamentaltheologischen Seminars auf eine Vorlesung vor. Bonn war für den Gelehrten Ratzinger »das Traumziel«.

1962 | **Vatikan** Joseph Ratzinger als Konzilsteilnehmer in Rom. Zunächst Berater des Kölner Kardinals Frings, danach zum offiziellen Konzilstheologen berufen, gilt er als Protagonist einer progressiven Orientierung, die bei aller Öffnung Tradition neu beleben will.

31. Mai 1987 | **Pentling** In Pentling bei Regensburg, wo sich Ratzinger nach Übernahme des Regensburger Lehrstuhls ein Haus baute, führte Schwester Maria erneut den Haushalt. Auch Papst Benedikt ist mit seinem Erstwohnsitz in der Bergstraße 6 in 93080 Pentling gemeldet.

»Die Sprache eines Gläubigen«

EIN BEGEISTERNDER THEOLOGE, DER NEUE TON FÜR DIE BOTSCHAFT CHRISTI UND DIE FRÜCHTE DES KONZILS

»Am 15. April 1959«, so schreibt der frühere Kardinal nicht ganz ohne Stolz, »begann ich meine Vorlesungen nunmehr als ordentlicher Professor der Fundamentaltheologie an der Bonner Universität vor einer großen Hörerschar, die mit Begeisterung den neuen Ton aufnahm, den sie bei mir zu vernehmen glaubte.« Als der junge Geistliche erstmals durch die Tür des Hörsaals tritt, halten ihn viele im ersten Moment allerdings »für den zweiten oder dritten Vikar einer Großstadtpfarrei«, erinnert sich der damalige Student Horst Ferdinand – eine Folge der jugendlichen Erscheinung des frischgebackenen Professors. Ferdinand fügt hinzu: »… aber nur im allerersten!«

Joseph Ratzinger, der Gendarmensohn aus Oberbayern, ist gerade einmal zweiunddreißig Jahre alt, und Bonn ist für ihn schlichtweg »das Traumziel«. Im Grunde ist es eine Sensation: Auf dem Lehrstuhl, nach dem sich sein Lehrer Gottlieb Söhngen immer sehnte, sitzt nun sein Meisterschüler. Und zwar nicht erst auf dem Höhepunkt einer respektablen Karriere, sondern gewissermaßen aus dem Stand heraus. Sein Lebensweg war zuletzt steinig geworden. Da war nicht nur die verletzte Eitelkeit des Professors Schmaus, die ihn um ein Haar die wissenschaftliche Laufbahn gekostet hätte. Zugesetzt hatte ihm auch der neue Münchener Bischof Joseph Kardinal Wendel, der sich querlegte, weil er nicht Leute für die Lehre suchte, sondern Priester für die Seelsorge. Endlich Bonn. Frische, freie Luft. Die Lage der Stadt begeistert ihn. Mit ihrer Nähe zu Belgien und Holland und den »Türen nach Frankreich hin«. Der junge Mann aus Bayern genießt die »Anregungen von überall« – und lauscht nachts den Schiffen auf dem Rhein, der ihm »ein Gefühl der Offenheit und Weite« gibt.

Überschwänglich wie selten bezeichnet Ratzinger seinen Einstieg an der neuen Wirkungsstätte gar als »ein Fest der ersten Liebe«, was auf das pulsierende akademische Leben abhebt, die stimulierende Atmosphäre der ganzen Stadt. Die Freude überträgt sich. »Schon beim ersten Seminar«, so der Judaist Peter Kuhn, habe man spüren können, »dieser Mann ist außergewöhnlich, ganz anders als die übrigen katholischen Professoren«. Viktor Hahn, der erste Student, der bei Ratzinger promovierte, setzt hinzu: »Er hatte eine schöne und einfache Sprache. Die Sprache eines Gläubigen.« Ratzinger taut auf. Er befreundet sich mit Hubert Jedin, dem großen Historiker des Konzils von Trient, und dem Indologen Paul Hacker, einem gläubigen Lutheraner und universal begabten Gelehrten, der, so staunt der junge Kollege, »mit einer oder mehreren Flaschen Rotwein ganze Nächte mit den Vätern oder mit Luther im Gespräch war«. Auf Hackers Wissen greift er zurück, als er über »Geschichte der Religionen« doziert, ganz fasziniert von der Welt des Hinduismus. »Er spricht nur noch von Rama, Krishna und vor allem Bhakti«, stöhnen manche seiner Hörer, »wir können schon nicht mehr.«

Erstmals ist der Junge aus Hufschlag richtig weit weg von zu Hause, wenn auch nicht allein. »Ratzinger, Joseph, Dr., Univ.-Professor, und Ratzinger, Maria, Kontoristin, Wurzerstraße 11«, verzeichnet das Bad Godesberger Adressbuch aus jener Zeit sein Zuhause in einem schmucklosen Mehrfamilienhaus für Landes-

bedienstete. Bereits in seiner Zeit in Freising hatte die Schwester ihre Stelle als Sekretärin gekündigt, um den Eltern zur Hand zu gehen. In Bonn springt sie zunächst für eine Fakultätssekretärin ein, später übernimmt sie auch den Haushalt des Bruders. »Es hat sich ganz von selbst ergeben«, wird sie später sagen. Sie habe es eben als ihre Aufgabe gesehen, Joseph ein Heim zu schaffen, die Manuskripte zu schreiben, die Einbindung in die Familie zu erhalten. Und nicht selten kocht sie auf, wenn der junge Gelehrte Studenten aus Bayern zum Abendessen mitbringt. Getrübt wird die Zeit allerdings durch den plötzlichen Tod des Vaters im August 1959. Der Sohn ist tief betroffen. Er spürt, »dass die Welt für mich ein Stück leerer geworden war, und dass ein Teil meines Zuhause in die andere Welt verlegt war«. Als im Dezember 1963 auch die Mutter stirbt, durch Magenkrebs bis auf die Knochen abgemagert, erlebt er erneut, was er bereits bei seinem Vater beobachtet hatte: »Ihre Güte war noch reiner und strahlender geworden und leuchtete auch durch die Wochen wachsender Schmerzen unverändert hindurch.« Es gebe »keinen überzeugenderen Glaubensbeweis«, folgert er, als jene »reine Menschlichkeit«, in die der Glaube so viele Menschen habe reifen lassen.

Nach den Dürrejahren von Krieg und Wiederaufbau erlebt die junge Bundesrepublik Deutschland plötzlich einen gewaltigen Aufschwung. Konrad Adenauer bewältigt als Kanzler die Anbindung an die westliche Allianz, sein Wirtschaftsminister Ludwig Erhard gibt die Parole vom »Wohlstand für alle« aus. Das »Wirtschaftswunder« beschert den Deutschen wieder volle Speisekammern, macht aber auch behäbig, nicht zuletzt die Kirchen, die sich nach dem Terror des Faschismus in der Sicherheit wiegen, unverzichtbarer Teil des Apparates zu sein. Naturen wie Ratzinger lassen sich von dem Status einer halboffiziellen Staatskirche nicht beeindrucken. Zwar sei »nach der Religionsstatistik«, warnt er früh in einem Artikel für die Zeitschrift *Hochland*, »das alte Europa noch immer ein fast vollständig christlicher Erdteil«, die Wahrheit aber sehe anders aus. Einst habe die Kirche aus Heiden bestanden, »die zu Christen geworden sind«, die Kirche der Nachkriegszeit aber bestehe vielfach aus Menschen, »die sich noch Christen nennen, aber in Wahrheit zu Heiden wurden«.

Unerhört mutige Worte – kaum verwunderlich, dass der junge Professor aus Bayern bald für Aufsehen sorgt. Ratzinger zeigt sich genervt, fast angewidert von einem allzu angepassten, spießbürgerlichen Christentum, das sich in der Bequemlichkeit der Ordinarien selbst einzuschläfern beginnt. Die Nachfolge Christi ist für ihn ein radikaler Akt, eine im Grunde revolutionäre Weltanschauung. Das Establishment hingegen fühlt sich provoziert, wieder einmal. Wie ein roter Faden ziehen sich die Querschläge und Hindernisse, der akademische Neid der Kollegen, die Front der Ablehnung durch das Leben des unbequemen Theologen. Man nimmt ihm seine Sympathie für Leute übel, die von der theologischen Honoratiorenschaft als »Grenzfälle« eingestuft werden. Etwa der lutherische Exeget Heinrich Schlier, ein Mann von großem menschlichem und intellektuellem Format, der nach seiner Konversion zum Katholizismus weder bei den Protestanten noch bei den Katholiken lehren darf. Oder auch der Gelehrte Charles (Chajjim) Horowitz, der in der Bonner Synagoge als Vorbeter vor die Gemeinde tritt.

Insbesondere hat Ratzinger zunehmend Probleme, seine Doktoranden durchzubringen, was ihn psychisch belastet. Betroffen davon sind etwa die griechischen Studenten Damaskinos Papandreou und Stylianos Harkianakis. Man lehnt es ab, die beiden als Orthodoxe an der Katholisch-theologischen Fakultät zur Promotion zuzulassen. Mehr noch, als Ratzinger wieder einmal zu Konzilsversammlungen in Rom weilt, werden ihre Noten von seinen Gegnern heruntergedrückt. Ein anderer Ratzinger-Student wird geblockt, weil er unbequeme Erkenntnisse über die Evolutionstheorie einbringt. Nachdem die Feindseligkeiten immer größer werden, kommt dem beargwöhnten Professor, der um seine Studenten bangt, ein Ruf nach Münster gerade gelegen, Bonn den Rücken zu kehren. Die Doktoranden nimmt er mit. Lohn der Geschichte: Aus den beiden Griechen wurden inzwischen Metropoliten des Ökumenischen Patriarchats von Konstantinopel – eine Verbindung, die einem Papst Benedikt XVI. noch wertvolle Hilfestellung im Kampf um die Einheit der Kirche geben kann.

In Münster bewohnt Ratzinger mit Schwester Maria im Erdgeschoss und drei seiner Studenten im Obergeschoss ein Haus in der Nähe des Aasees. Die Atmosphäre hat etwas von heiterer Gelassenheit. Wenn etwa nach einem unerwarteten Schneegestöber im Mai im ersten Stock ein Student auf seiner Geige »Leise rieselt der Schnee« intoniert, dauert es nicht lange, bis im Stockwerk darunter der Professor auf seinem Klavier übermütig mit einstimmt. Früh am Morgen zelebriert er die Messe in der Kapelle eines Pflegeheims und fährt danach mit dem aus Gründen der

Sparsamkeit gebraucht gekauften Fahrrad zur Fakultät. In der Tradition der in Bonn begonnenen »bayerischen Brotzeiten« trifft man sich im kleinen Theologenkreis in einem Gasthaus namens »Himmelreich«. An der Universität tauchen die Jungtheologen Walter Kasper und Johann Baptist Metz auf, ein besonderes Verhältnis verbindet Ratzinger bald mit dem Kollegen Joseph Pieper, einem der großen deutschen Philosophen des zwanzigsten Jahrhunderts. Rund dreihundertfünfzig Stundenten haben sich in Ratzingers Vorlesungen eingeschrieben, sechshundert nehmen im Schnitt bereits teil, viele von ihnen von weit außerhalb angereist. Die Mitschriften sind so begehrt, dass Assistent Wolfgang Pfnür eine kleine Druckerei einrichten muss, um Ratzingers Texte tausendfach ins ganze Land zu verschicken.

Ein Professor, der schwer ins Klischee passt – ob aufgrund seines künstlerischen Naturells, der Ernsthaftigkeit seines Glaubens oder der außergewöhnlichen Bescheidenheit. Dass diese Bescheidenheit echt ist, spürt man. Ratzinger ist kein Mensch, der eine bestimmte Rolle spielen könnte. Es gibt einfach kein schauspielerisches Talent in ihm. Vieles an ihm wirkt von daher oft auch ein wenig unbeholfen. Nicht selten freilich macht er sich ein wenig kleiner, als er in Wirklichkeit ist. Ähnlich körperlich großen Menschen, die häufig in gebückter Haltung gehen, einerseits um Kopfschläge zu vermeiden, andererseits um gegenüber anderen nicht hervorzustechen. Nicht verbergen lässt sich jedoch eine gewisse Strenge im Wesen des Theologen. Ratzinger ist stets zuvorkommend, charmant, er pflegt aber auch eine gewisse Distanz, wirkt manchmal schroff, ungeduldig. Allzu große Nähe lässt er nicht zu, und selbst im Verhältnis zu seinen langjährigen Assistenten bleibt er auf Abstand: »In der Beziehung wurde die Form gewahrt«, erinnert sich ein ehemaliger Schüler. »Sie war korrekt, aber es gab keine Vertrautheit.« Was freilich niemanden hinderte, sich einem Ratzinger-Schülerkreis anzuschließen, der dem ehemaligen Lehrer bis heute beratend zur Seite steht.

Bereits drei Jahre nach seinem Antritt in Münster folgt Ratzinger zum Sommersemester 1966 einem Ruf nach Tübingen. »In ziemlich schlechtem Gesundheitszustand übrigens«, wie er anmerkt. Auslöser hierfür ist zunächst Schwester Maria, die sich in Westfalen nicht einleben kann. Bruder Georg ist inzwischen von Traunstein nach Regensburg gewechselt, um als Domkapellmeister den weltberühmten Knabenchor der »Regensburger Domspatzen« zu leiten, seither ist für Maria der schönste Ort in Münster der Bahnhof – weil man von dort mit dem Zug nach Bayern kommt. Tübingen liegt zumindest ein wenig näher zur Heimat, und die ehrwürdige Fakultät ist mit damals noch etwa hundert Theologieprofessoren und -dozenten und mehreren tausend Theologiestudenten mit die bedeutendste in Deutschland – hochrangig besetzt, »aber konfliktfreudig«, wie Ratzinger anmerkt, was er nach dem eher bedächtigen Klima in Münster nicht mehr gewohnt ist. Hinzu kommt das Drängen von Hans Küng, der sich von Tübingen aus für Ratzingers Berufung eingesetzt hatte und daran arbeitet, an seiner Fakultät einen einflussreichen Pool von progressiven Theologen zu installieren.

Ratzinger und Küng hatten sich bereits 1957 auf einer Dogmatiker-Tagung in Innsbruck kennengelernt. Küngs theologischer Stil sei nicht der seine gewesen, äußert sich Ratzinger später, aber durch die Rezension von Küngs Doktorarbeit habe er »Respekt für den Autor gewonnen«. Es sei ein »gutes persönliches Verhältnis« entstanden, auch wenn es in der Diskussion über die Theologie des Konzils bald eine »ernstere Kontroverse« geben sollte. Sie habe ihn spüren lassen, »dass unsere Wege wohl noch weiter auseinandergehen würden«. Noch aber glaubt er an den »grundlegenden Konsens katholischer Theologen«.

Auch wenn der Neue noch immer mit Fahrrad und Baskenmütze zur Uni kommt, sind Ratzingers Ansätze alles andere als antiquiert. Er doziert über den Freimut, die Toleranz, über Kommunikation und Ökumene – und wettert gegen die Erstarrung Roms: Die Kirche habe »zu straffe Zügel, zu viele Gesetze, von denen viele dazu beigetragen haben, das Jahrhundert des Unglaubens im Stich zu lassen«. In seinen Vorlesungen kommt er ohne jeglichen technischen Aufwand aus, die ohne Manuskript vorgetragenen Reden sind druckreif. »Nach dem Referat folgte die Aussprache über das Gehörte«, erinnert sich Pater Beda Müller an die Zeit in Tübingen. Ratzinger »wiederholte die Fragen, fasste manche zusammen. Dabei staunte ich nicht nur über sein Gedächtnis, denn er hatte sich keine Notizen gemacht, sondern auch über die Präzision, mit der er die Fragen verdeutlichte, oft besser als die Fragenden selbst, um dann seine Antwort zu geben.« »Er machte das ungemein spannend und lebendig«, berichtet die Publizistin Irmgard Schmidt-Sommer, damals Hörerin in Tübingen.

Ratzinger habe immer wieder von der Glaubenskritik aus begonnen und von diesem Ansatz her schließlich »den Glauben und die Kraft erklärt, die aus ihm strömt ... Für mich mit meiner evangelischen Vergangenheit war es ganz wichtig, dass er alles auf der Grundlage der Bibel aufbaute.« Nie habe er dabei seine Darlegung als die einzig mögliche hingestellt. Schmidt-Sommer: »Er überzeugte, weil er mit seiner ganzen Persönlichkeit hinter dem steht, was er sagt. Ich war wirklich so fasziniert, dass ich kaum mitschreiben konnte.«

Was Ratzinger allerdings schwerfällt, ist das Delegieren von Arbeit. Im Unterschied zu Karl Rahner oder auch Hans Küng, die ihre Studenten einspannen und es auf diesem Weg zu einem umfangreichen Werk bringen, macht er fast alles selbst. Nur nicht zu Hause, dort waltet Schwester Maria. Maria ist eine leise, zurückhaltende bis scheue Frau geworden, fast unsichtbar im Alltag. Das Schicksal hatte ihr die Entscheidung aus der Hand genommen. Nach dem Krieg ist es zu spät, die Ausbildung zur Lehrerin aufzunehmen. Es gehört dabei zur Grundausstattung der Ratzingers, dass man nicht zetert und murrt und nicht klagt über Dinge, die womöglich in Gottes Plan liegen. Leben versteht sich als Dienst, nicht als Selbsterfüllung. Das Verhältnis von Bruder und Schwester ist freilich nicht immer ungetrübt. Nicht selten gibt es dicke Luft im gemeinsamen Haushalt. Für Joseph ist sie einerseits Hilfe, andererseits so etwas wie eine Erblast. Aber auch wenn diese Frau an seiner Seite in ihrer bescheidenen Art, dem provinziellen Auftritt nicht unbedingt auf jedermann attraktiv wirkt, schon gar nicht in Professorenkreisen, ist sie im Grunde das große Glück seines Lebens. Nicht nur, weil er ihr vorab in der Küche seine Texte vortragen kann. Als für eine Vorlesung geeignet hält er sie erst, wenn sie von der Schwester abgenickt wurden. Nicht nur, weil sie ihm sagt, wann er wie angezogen zu sein hat. Wesentlich ist, dass sich durch die Weggemeinschaft mit Maria seine Theologie nicht auf Kongressen oder auf den geduldigen Seiten eines Buches zu bewahrheiten hat, sondern im Gegenüber eines Menschen, der beim Krämer die Sorgen der Nachbarn mit anhört und abends bei Tisch, wenn er Kaiserschmarren serviert, nicht empfänglich ist für den Singsang akademischer Phrasen. Unmöglich, neben dieser Frau abzuheben in die Sphären des Hochmutes. Ein Blick genügt, und man ist wieder der, der man zu sein hat. Maria ist die ewige Mahnung, den Glauben der einfachen Leute, dieser Lieblinge des biblischen Gottes, zu schützen vor der kalten Religion der Professoren, der Flucht in neunmalkluge Hypothesen, wo man weder zu bekennen noch zu lieben wagt. Und es ist zu vermuten, dass gerade diese »Magd«, die am liebsten Schürzen trug, am Ende die Theologie, die Haltung und die Persönlichkeit des aufstrebenden Gottesgelehrten geprägt hat wie niemand sonst.

In Ratzingers Hörsaal werden aus scheinbar trockenen Paukfächern Entdeckungsreisen zu den Geheimnissen des christlichen Geistes. Historizität der Offenbarung, Augustinus, die sakramentale Natur der Kirche – plötzlich wird das Spannende dieser Gebiete wieder gegenwärtig, ihre Relevanz sichtbar. Die Vorlesungen haben unspektakuläre Titel wie »Wesen und Wirklichkeit der göttlichen Offenbarung« oder »Die Lehre der Kirche«, befreit vom Geruch des Abgestandenen aber werden sie spritzig und modern. Im Gegensatz zu einer akademischen Selbstgenügsamkeit, die aus Glaubenssätzen eine Theorie macht, ein Spiel mit bloßen Annahmen, gibt Ratzinger ihnen Leben und holt sie zurück in die Problemstellungen der modernen Welt. Den Theologen habe dabei nie interessiert, weiß Alfred Läpple, bei seinen Studenten »einfach nur ihr Wissen zu vergrößern«. Nach dem Ratzingerschen Theorem gehe es einzig darum, »dass man die wichtigen Dinge des Christentums nur lernt, wenn sie einem das Herz erwärmen«. Was nichts zu tun hat mit Harmoniesucht. Ratzingers Analysen blieben schneidend. Von seiner Kritik der herrschenden Verhältnisse spart er das eigene Haus nicht aus. Man hört nahezu den Tonfall des Vaters heraus, des empörten Gendarmen, wenn er ausruft, dass die Kirche »keine Schmeichler braucht, die ihren Zustand loben, sondern Menschen, deren Unmut und Ungehorsam nicht geringer ist als ihre Leidenschaft für die Wahrheit«.

So scheu Ratzinger in seinem Auftreten manchmal auch wirken mag, so wenige Berührungsängste kennt er, wenn es um neue Fragestellungen oder die Wertediskussion der europäischen Gesellschaften geht. Ganz und gar ungewöhnlich für die Zeit schreibt er als katholischer Professor für ein protestantisches Standardlexikon, führt den Dialog mit Andersdenkenden. Der Unterschied zu anderen Theologen dabei ist: Ratzinger argumentiert *mit* der Kirche und niemals gegen sie. »Ich habe nie versucht«, wird er später in seinem Interviewbuch *Salz der Erde* sagen, »ein eigenes System, eine Sondertheologie zu schaffen. Spezifisch ist, wenn man es so nennen will, dass ich einfach mit dem Glauben der Kirche mitdenken will, und das heißt vor allem mitdenken mit den großen Denkern des Glaubens.« Im Übrigen weiß er, bei aller Bescheidenheit, längst selbst sehr genau um seine phänomenale Wirkung: »Wenn du eine Vorlesung hältst«, vertraut er seinem Freund Alfred Läpple an, »müssen die Studenten den Stift liegen lassen, dir einfach nur zuhören. Solange sie noch mitschreiben, hast du sie nicht wirklich in deinen Bann gezogen. Wenn sie aber den Stift weglegen und dich ansehen, während du sprichst, dann hast du vielleicht ihr Herz berührt.«

Es ist der Beginn des Konzils am 11. Oktober 1962 – mit dem feierlichen Einzug von 2498 Konzilsvätern aus 133 Ländern in den Petersdom –, der Joseph Ratzinger in eine neue Bahn bringt. Niemand hatte damit gerechnet, Johannes XXIII. könnte schon wenige Monate nach Beginn seines Pontifikates eine Kirchenversammlung ausrufen. Ein sensationeller Akt für einen Achtundsiebzigjährigen, den alle für einen »Übergangspapst« gehalten hatten. Der Impuls war, das I. Vatikanum zu Ende zu führen, das aufgrund des deutsch-französischen Krieges 1870 vorzeitig abgebrochen worden war. Hauptthema soll die Kirche selbst sein, es gilt, den Glauben unter voller Wahrung seiner inhaltlichen Identität neu in die Zeit hineinzusagen, zu »aggiornieren«, wie sich der Papst ausdrückt. Insbesondere geht es um eine Wiederentdeckung der klassischen römischen Traditionen, um eine neue, demütig-nüchterne Zentrierung auf das eigentliche Mysterium der Gegenwart Christi. Fünf Jahre bereits sind die entsprechenden Papiere zwischen Rom und den Bischöfen hin- und hergegangen. Man hat abgeändert, Neues hinzugesetzt, und alles ist fertig und soll eigentlich nur noch per Akklamation in der Peterskirche verabschiedet werden – bis ein Reformator aus Deutschland die Bühne betritt.

Was war geschehen? Öffentlich hatte Ratzinger sich über die bisherige Vorbereitung des Konzils mokiert. Die Schemata der von der Kommission bislang erarbeiteten Dokumente seien »etwas steif und eng, zu sehr an die Theologie der Schule gebunden«. Er erkenne »zu sehr das Denken von Gelehrten und zu wenig das von Hirten«. Der Kölner Kardinal Joseph Frings, Mitglied der Zentralen Vorbereitungskommission, hatte daraufhin eine Vorlesung des aufmüpfigen Theologen besucht und war kommentarlos wieder gegangen. Als die beiden kurze Zeit später in der Pause eines Konzerts zusammentreffen, bittet er jedoch Ratzinger ohne Umschweife, er möge ihm doch für einen Vortrag, den er demnächst in Genua zu halten habe, einen Entwurf ausarbeiten. Thema: »Das Konzil und die moderne Geisteswelt«. Ratzinger nimmt den Auftrag an, und tatsächlich gelingt es ihm, in seinem Text exakt den Ton und die Inhalte jener Reformerwartungen zu präzisieren, die längst in der Luft lagen, ohne dass irgendjemand im europäischen Episkopat dies bislang hätte formulieren können. Frings ist begeistert. So sehr, dass er sich den Text fast wörtlich zu eigen macht – nicht ahnend, was er damit auslösen sollte. Denn schließlich erregt seine Rede in Italien so großes Aufsehen, dass dem Kölner eines Tages eine Vorladung des Heiligen Vaters auf den Tisch flattert. »Vielleicht ziehe ich das heute zum letzen Mal an«, murmelt Frings beim Anlegen der Kardinalsinsignien. Es kommt anders. Entgegen seiner Ängste eilt Papst Johannes XXIII. auf ihn zu und umarmt ihn. Die Situation erscheint im Rückblick wie ein Vorläufer der Konklave-Eröffnung von 2005 mit der inzwischen berühmten Relativismus-Predigt Ratzingers über die Erfordernisse der Zeit, die das Kardinalskollegium richtiggehend elektrisierte. »Lieber Cardinale«, beginnt Johannes XXIII. Er spricht zu Frings und meint Ratzinger: »Sie haben all das gesagt, was ich gedacht habe und sagen wollte, selbst aber nicht sagen konnte.«

Die Konzilsplanung wird vollkommen umgeworfen. Alle Pakete werden aufgeschnürt und neu verhandelt. Ratzinger ist zunächst als Berater von Frings einbezogen, später wird er als ordentlicher Konzilstheologe nachnominiert. Und bald schon ist er hinter den Kulissen einer der Protagonisten der Versammlung. Dass er zu Hause an der Universität die Themen von Rom in Kursen mit seinen Studenten vertieft, gibt ihm zusätzliche Substanz. Henri de Lubac, Jean Daniélou, Yves Congar – Ratzinger ist mit allen großen Konzilstheologen im Gespräch, wobei ihn besonders die Bischöfe und Theologen aus Lateinamerika beeindrucken. Der erste Auftrag ist, gemeinsam mit Karl Rahner ein Papier über die göttliche Offenbarung zu erstellen, eben jenes Feld, das er schon für seine Habilitation so aufsehenerregend umgepflügt hatte. Das Thema ist gut, aber das Team funktioniert nicht. Die Position des Kollegen empfindet Ratzinger zunehmend als »eine spekulative und philosophische Theologie, in der Schrift und Väter letztlich keine große Rolle spielten«. Ein nicht geringes Problem, da sich Ratzinger selbst als »von meiner Bildung her ganz von Schrift und Vätern und von einem wesentlich geschichtlichen Denken bestimmt« sieht. »Bei der gemeinsamen Arbeit wurde mir klar«, so das nachträgliche Fazit, »dass Rahner und ich trotz der Übereinstimmung in vielen Ergebnissen und Wünschen theologisch auf zwei verschiedenen Planeten lebten.« Wie bei Hans Küng sollte es allerdings noch einige Zeit dauern, »ehe die Trennung unserer Wege nach außen sichtbar wurde«.

Das Konzil löst in Deutschland ein neues Interesse an Theologie aus. Gleichzeitig allerdings wird die Stimmung unter den Theologen selbst, wie Ratzinger empfindet, wenn er jeweils aus Rom zurückkommt, von Mal zu Mal »aufgewühlter«. Mit Sorge beobachtet er den wachsenden Eindruck, »dass eigentlich nichts fest sei in der Kirche, dass alles zur Revision stehe«. Im Konzil sehe man ein großes Kirchenparlament, das im Gegensatz zu früher nun alles ändern und neu gestalten könne. Und das ist ganz und gar nicht das, was er gewollt hatte. Selbstverständlich habe er an den vorbereiteten Dokumenten manches auszusetzen gehabt, erklärt Ratzinger im Nachhinein, »aber zu einer radikalen Ablehnung, wie sie dann im Konzil von vielen gefordert und auch durchgesetzt wurde, fand ich keinen Grund«.

Es ist eine Geschichte, die sich auf geheimnisvolle Weise verselbstständigt, um sich schließlich in eine ganze andere Richtung zu schreiben. Johannes XXIII. stellte dem Konzil den Auftrag, »die Lehre rein und vollständig zu übermitteln«, und zwar zuverlässig »ohne Abschwächungen oder Entstellungen«. Im Vordergrund stehe, »die unumstößliche und unveränderliche Lehre, die treu geachtet werden muss, zu vertiefen«. Vertiefen bedeute allerdings, »sie so zu formulieren, dass sie den Erfordernissen unserer Zeit entspricht«. Es ist fatal, dass ausgerechnet die Liturgie, die eigentlich gar kein Thema ist, geschweige denn in den Vorverhandlungen irgendeine Priorität besessen hätte, zu einem zentralen Punkt wird. Im Grunde will man mit dem scheinbar so unkomplizierten Bereich nur die besten Methoden für die weitere Konzilsarbeit erproben. Niemand erwartet eine Auseinandersetzung. Schnell wird deshalb eine Generalklausel gefunden, in der es ganz allgemein heißt, »die liturgischen Bücher sollen baldigst revidiert werden«. Das war keine Ansage für einen radikalen Umbau, sondern gewissermaßen das Übliche, die kontinuierliche Fortführung der Überlieferung. Mit Liturgie jedoch ist nicht zu spaßen. Gleichsam über Nacht bekommt diese Absicht plötzlich eine Eigendynamik, die alles aus der Bahn wirft. Der Zauberbesen ist entfesselt, und niemand hält ihn auf.

Der Theologe aus dem Land der Reformation trägt maßgeblich etwa zur Dogmatischen Konstitution über die göttliche Offenbarung *Dei Verbum* (Gottes Wort) bei, für die seine Habilitationsschrift über die Geschichtstheologie des heiligen Bonaventura die Grundlagen lieferte. Gerade durch die Debatte um das Verhältnis von Schrift und Tradition finden die Konzilsväter zu einem profilierten Selbstbewusstsein. Zudem verbindet *Dei Verbum* zwei sich bis dahin unversöhnlich gegenüberstehende Pole: erstens die unverkürzten Glaubensinhalte der Tradition und zweitens die kritische Wissenschaft. Niemand hat wie Ratzinger das Handwerkszeug parat, um Themen wie Heilige Schrift, Patristik oder Volk-Gottes-Begriff zu bewältigen. Traditionsbewusst in der Grundhaltung, aber modern in Habitus, Sprache, Ausrichtung kann er sich sowohl im konservativen als auch im progressiven Lager Gehör verschaffen. Dass er in den Disputen souverän und stets fundiert mit geschichtlichen Belegen zur Sache sprechen kann, ermöglicht ihm nicht zuletzt sein phänomenales Gedächtnis, dem es genügt, einmal ein Buch gelesen zu haben, um noch nach Jahren wortgenau daraus zitieren zu können. Niemand kann besser als er die Agenda des katholischen Glaubens auf den Punkt bringen – und kaum jemand begreift so früh, dass die Debatte von Rom auch in einem furchtbaren Desaster enden könnte.

Ratzinger wird unruhig. Er fühlt sich gerufen, etwas zu sagen. In einem Vortrag über »Wahre und falsche Erneuerung der Kirche« will er ein erstes Warnsignal setzen, vergebens. Als auch noch ein neues Missale eingeführt wird, das Messbuch des Priesters am Altar, ist für den »Starttheologen« freilich eine letzte Grenze überschritten. Völlig neu nämlich ist, dass das bisherige Missale zugleich verboten wird. »Etwas Derartiges«, entsetzt sich Ratzinger, »hatte es in der ganzen Liturgiegeschichte nie gegeben.« Die Signale findet er alarmierend. Dass man das Neue unter Verwendung der alten Baupläne und des bisherigen Baumaterials schuf, sei nicht das Problem, »aber dass man es als Neubau *gegen* die gewachsene Geschichte stellte, diese verbot und damit Liturgie nicht mehr als lebendiges Wachsen, sondern als Produkt von gelehrter Arbeit und von juristischer Kompetenz erscheinen ließ, das hat uns außerordentlich geschadet. Denn nun musste der Eindruck entstehen, Liturgie werde ›gemacht‹, sie sei nichts Vorgegebenes.«

Unverkennbar hatte der Wind des gesellschaftlichen Umbruchs, der in den Sechzigerjahren die westliche Hemisphäre durchzog, das Konzil mit beeinflusst. Mit ihrem Geist hatte die Versammlung begonnen, mit ihrem Ungeist hatte sie geendet. Dass zudem eine vertrackte Wechselwirkung zwischen Kirchenreform und Kirchenkrise entstehen könnte, ahnten nur die wenigsten. In der Manier einer Kulturrevolution flogen am Ende traditionelle Einrichtungen auf den Müllhaufen der Geschichte, als handle es sich um schäbiges Gerümpel. Kult und Geist wichen einer kalten, geistlosen Ästhetik, das spirituelle Bewusstsein von Gemeinde machte einer weltlichen Auffassung Platz. Die Früchte allerdings blieben aus. Denn statt der erhofften Belebung des Glaubenslebens ging nicht nur der Anteil der Gottesdienstbesucher (vormals noch über fünfzig Prozent der Katholiken) von Jahr zu Jahr dramatischer zurück, der Selbstsäkularisation folgte auch ein bis heute nicht ausgeglichener Verlust an Glaubenssicherheit und Identität.

Es entbehrt nicht einer besonderen Tragik, wenn der Konzilstheologe Ratzinger, der vieles angestoßen hat, am Ende die Erkenntnis gewinnt, man habe statt des erwarteten »Sprungs nach vorne« einen »Prozess des Niedergangs« eingeleitet. Es sei eben falsch gewesen, »dass wir das Christentum lieber in die Breite wachsen sehen wollten und nicht erkannt haben, dass die Stunde der Kirche auch ganz anders aussehen kann«. Auf diese Weise sei der falsche Eindruck entstanden, »Reform bestände darin, dass wir einfach Ballast abwerfen; dass wir es uns leichter machen, sodass eigentlich Reform ... in irgendeiner Art von Verdünnung des Glaubens zu bestehen schien«.

Ratzinger ist enttäuscht, Resignation zeigt er nicht. Durch unverhältnismäßige Anpassung an die Welt, resümiert er nüchtern, könne die Kirche die Menschen eben nicht gewinnen, sondern nur sich selbst verlieren. Er will dabei das Rad nicht zurückdrehen, eine »Sehnsucht nach einem unwiederbringlich vergangenen Gestern« dürfe gar nicht erst aufkommen.

An den Texten will er ohnehin nicht rütteln lassen. Diese stünden »ganz und gar in der Kontinuität des Glaubens«. Allerdings ist er fest davon »überzeugt, dass die Kirchenkrise, die wir heute erleben, weitgehend auf dem Zerfall der Liturgie beruht, die mitunter sogar so konzipiert wird, ›etsi Deus non daretur‹, dass es in ihr gar nicht mehr darauf ankommt, ob es Gott gibt und ob er uns anredet und erhört«.

Ratzingers frühe Analysen haben mit Sicherheit eine Konsequenz für das neue, sein eigenes Pontifikat. Johannes XXIII. konnte das II. Vatikanische Konzil nur beginnen, weiterführen musste es der intellektuelle Paul VI. Papst Johannes Paul II. konnte dafür kämpfen, den sogenannten »Geist des Konzils« nicht länger für fremde Zwecke zu instrumentalisieren. Fest justieren und endgültig besiegeln aber kann dieses Ereignis, eines der bedeutendsten der Kirchengeschichte, nur ein Benedikt XVI. Dass er auch gewillt ist, den Schlussstein zu setzen, macht er deutlich. »Niemand kann leugnen«, erklärte er vor Vertretern des Kardinalskollegiums und Mitarbeitern der Kurie in einer weitgehend unbeachtet gebliebenen Ansprache beim Weihnachtsempfang 2005, »dass in weiten Teilen der Kirche die Konzilsrezeption eher schwierig gewesen ist.« Benedikt zitierte dabei den Kirchenlehrer Basilius, der seinerzeit das Konzil von Nizäa mit einer Schiffsschlacht in stürmischer Nacht verglichen hatte: »Das heisere Geschrei derer, die sich im Streit gegeneinander erheben, das unverständliche Geschwätz, die verworrenen Geräusche des pausenlosen Lärms, all das hat fast schon die ganze Kirche erfüllt und so durch Hinzufügungen oder Auslassungen die rechte Lehre der Kirche verfälscht.« Zwar wolle er dieses dramatische Bild nicht direkt auf die nachkonziliare Situation unserer Epoche übertragen, so der neue Papst, »aber etwas von dem, was geschehen ist, kommt darin zum Ausdruck«.

Das Hauptproblem des Konzils, so Benedikt XVI., sei im Grunde die Frage der Rezeption. Hier habe es zwei Hermeneutiken (Auslegungen) gegeben, die miteinander im Streit lagen. Auf der einen Seite stehe eine »Hermeneutik der Diskontinuität und des Bruches«, auf der anderen eine »Hermeneutik der Reform«. Erstere habe sich zwar »nicht selten das Wohlwollen der Massenmedien und auch eines Teiles der modernen Theologie zunutze machen können«, sie habe aber schon im Ansatz die Natur eines Konzils missverstanden, wenn sie davon ausging, man könne mit ihm eine alte Verfassung außer Kraft setzen und eine neue schaffen. Überall dort hingegen, wo sich die Rezeption des Konzils daran orientierte, dass die Kirche zwar wachsen und sich weiterentwickeln müsse, aber dennoch sie selbst bleiben muss, »ist neues Leben gewachsen«. Fazit: »Die eine hat Verwirrung gestiftet, die andere hat Früchte getragen. Jetzt muss dieser Dialog weitergeführt werden, und zwar mit großer Offenheit des Geistes, aber auch mit der klaren Unterscheidung der Geister.« Die Bilanz sei gut: »Vierzig Jahre nach dem Konzil können wir die Tatsache betonen, dass seine positiven Folgen größer und lebenskräftiger sind, als es in der Unruhe der Jahre um 1968 den Anschein haben konnte.«

Aus den Jahren der Kirchenversammlung rührt im Übrigen eine Geschichte, die Ratzingers Professorenkollege Hans Küng in die Welt setzte. Noch während des Konzils habe Paul VI. geäußert, so Küng, die Kirche brauche junge Kräfte in leitenden Positionen, so wie ihn und Ratzinger. Er habe dann ihn, Küng, in einer Privataudienz gebeten, doch in den Dienst der Kirche zu treten, er solle sich halt ein klein wenig anpassen. Natürlich habe er entrüstet abgelehnt. Vieldeutig fügte Küng an: »Ich weiß nicht, was der Papst mit Ratzinger geredet hat, aber von da an gingen unsere Wege auseinander.« Joseph Ratzinger hingegen ist davon nichts bekannt, er sei, erklärt er, Paul VI. in dieser Zeit bei einer Audienz nie begegnet. Als Küng 1979 wegen seiner unversöhnlichen Stellung zu Grunddogmen des katholischen Glaubens von Johannes Paul II. die kirchliche Lehrbefugnis entzogen wurde, steigerte sich nicht nur seine Aggression gegen Rom, er prägte auch maßgeblich das Negativbild seines früheren Kollegen. Noch 1998 versuchte er etwa eine Einladung Ratzingers zu einer Podiumsdiskussion anlässlich des siebzigsten Geburtstages von Johann Baptist Metz mit einem wütenden Protestbrief zu sabotieren. Es sei ein »gewaltiges Ärgernis«, dass Metz dem »Großinquisitor« ein solches Forum biete. »Es ist, als führte man mit dem Chef des KGB ein allgemeines Gespräch über Menschenrechte.« Küngs Urteil über Zeitgenossen, bescheinigte denn auch der Autor Freddy Derwahl in einer Biografie, sei »oft kleinlich, bösartig und verletzend« gewesen, während Küng selbst »Narzissmus und eine stolze Selbstgerechtigkeit« zur Schau gestellt habe. Kardinal Ottaviani habe ihn bereits zu Konzilszeiten gebeten, »nicht gleich nach dem Gespräch auf dem Petersplatz vor laufenden Kameras eine Pressekonferenz abzuhalten«. Zum Gegenkonzil, so Derwahl, »gehörte nämlich die Instrumentalisierung der Medien, die Küng bis heute meisterhaft beherrscht. Während Ratzinger die Konzilsrezeption in Deutschland zunehmend mit Unwohlsein verfolgte, arbeitete Küng zielstrebig am Ausbau seiner Deutungshoheit über die Kirchenversammlung.« Was das theologische Werk des früheren Kollegen betraf, gab sich Küng allerdings äußerst gönnerhaft: »Zu hoffen bleibt, dass Ratzinger trotz des fehlenden Œuvres nicht gar so rasch vergessen sein wird.«

Die Erfahrungen des Konzils sind für Joseph Ratzinger die Jahre des Reifens. Nun konnte er erkennen, was an Theologie bleiben kann – und welche Zweige des neuen Denkens nur Wassertriebe waren, die zwar mächtig imponierten, aber keine Frucht brachten. Er war als jemand gestartet, der die Kirchenversammlung verändern wollte, und hat dieses Ziel, gemeinsam mit anderen, auch erreicht. Aber er wollte auch nicht absehen von den Folgen, die sich daraus ergaben. Er selbst habe immer versucht, mitzudenken mit den großen Meistern des Glaubens und dennoch »nicht haltzumachen in der alten Kirche, sondern die großen Höhepunkte des Denkens festzuhalten«. »Mein Grundimpuls war«, so erklärt sich Ratzinger selbst, »unter den Verkrustungen den eigentlichen Glaubenskern freizulegen und diesem Kern Kraft und Dynamik zu geben. Dieser Impuls ist die Konstante meines Lebens.«

Das Neue an Ratzinger sei gewesen, so der Regensburger Professorenkollege Heinrich Groß, »dass er im Gegensatz zu den damals gängigen Dogmatikern den Weg zur Bibel zurück gefunden hat« – und die Bibel neu lesbar machte, indem er klarlegte, dass Glaube und Vernunft sich wechselseitig bedingen. Drei Merkmale seien für die theologische Disziplin von Bedeutung, so analysierte Ratzinger einmal bei der Würdigung des Werkes seines langjährigen Freundes Hans Urs von Balthasar: die Kirchlichkeit, die spirituelle Tiefe und der existenzielle Ernst der Umkehr des Herzens. Balthasar beispielsweise sei zu der sehr tiefen Erkenntnis gelangt, »dass sich die Theologie nur durch das Gebet entfalten kann«. Und vermutlich liegt das Geheimnis auch von Ratzingers Theologie weniger in dem brillanten Intellekt, den der Theologe versprüht, als in seiner Verwurzelung in der unverkrampften, ganz einfachen religiösen Überlieferung. Von ihr sind alle Sätze seines Verkündens durchdrungen. Und von diesem Erbe her ist er auch selbst ein einfacher Gläubiger geblieben, ein Pfarrer, der glaubt. Bezeichnend hierfür ist ein Bekenntnis der Jünger Jesu, das Ratzinger für den vielleicht »schönsten und bündigsten Ausdruck« der christlichen Synthese zwischen Altem und Neuem Bund hält. Es lautet: »Wir haben der Liebe geglaubt« (1 Joh 4,16). Für diese Menschen, so der Theologe, sei Christus, den sie persönlich erleben durften, »zur Entdeckung der schöpferischen Liebe geworden; die Vernunft des Weltalls hatte sich als Liebe offenbart – als jene größere Rationalität, die auch das Dunkle und Irrationale in sich aufnimmt und heilt.«

BISCHOF UND MAHNER

23. Mai 1977 | **Landshut** Auf dem Weg zu seinem feierlichen Amtsantritt von Regensburg nach München wird der neue Erzbischof in Landshut vor der Stiftskirche St. Martin begrüßt. Der Auftrag von Papst Paul VI. lautet: »Arbeite auf dem Ackerfeld Gottes.«

23. *Mai 1977* | **München** Eine jubelnde Menschenmenge begrüßt den neuen Erzbischof bei seiner Ankunft in München. Ein Bischof, sagt er, »dem es nur darauf ankäme, keinen Ärger zu haben«, sei für ihn »eine abschreckende Vision«.

27. Mai 1977 | **München** Ratzinger erhält die Urkunde, mit der ihn Paul VI. zum Erzbischof ernennt. Die Berufung hatte den Professor, der sich zu einem theologischen Werk berufen sah, »erschüttert«. Nun sieht er sich als »Zugochse«, der »ständig im Geschirr stehen werde«.

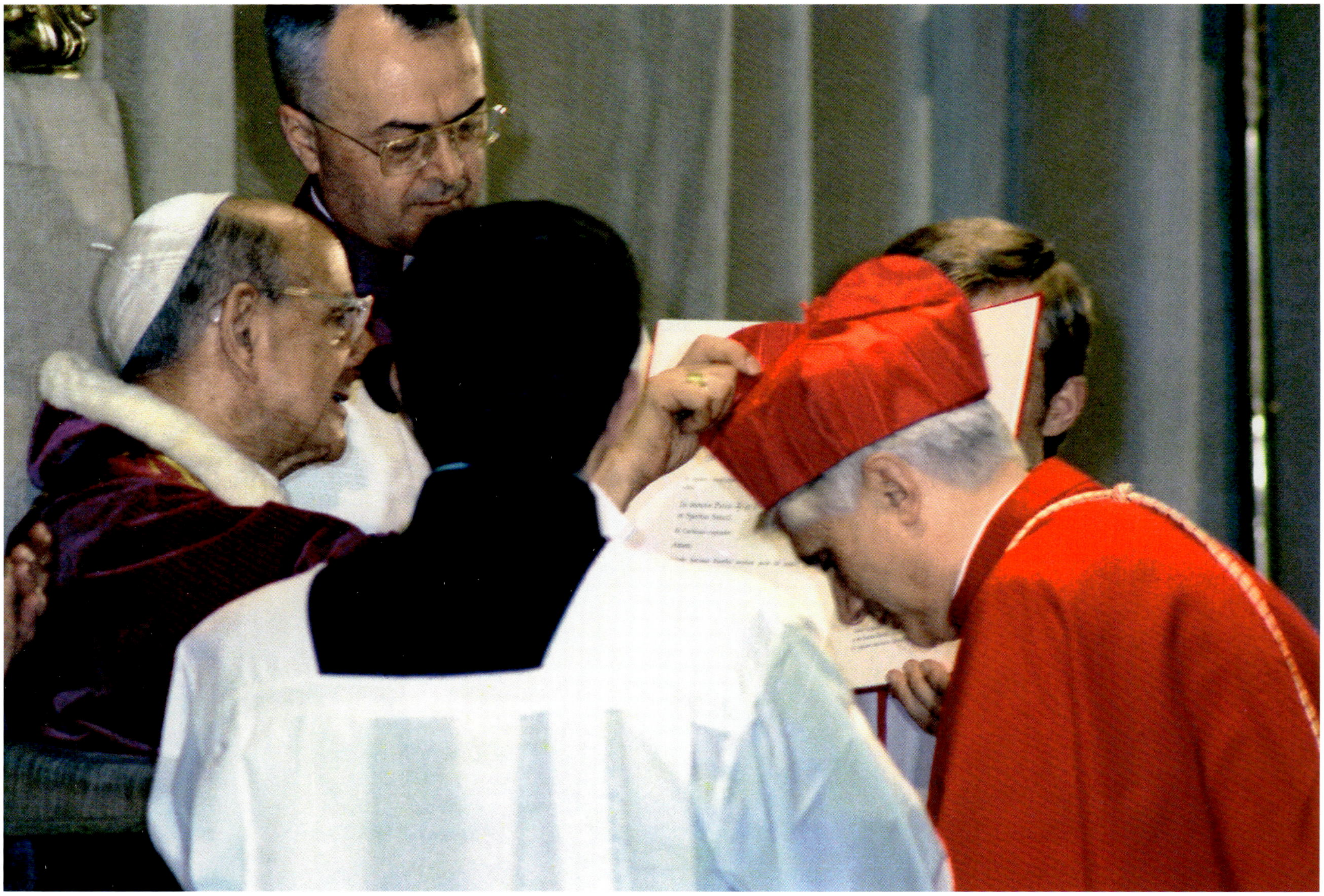

29. Juni 1977 **Vatikan** Gerade einen Monat nach seinem Amtsantritt als Erzbischof in München wird Joseph Ratzinger von Papst Paul VI. die Kardinalswürde verliehen, symbolisiert unter anderem durch den Kardinalshut. Im Kreis der Kardinäle ist er einer der Jüngsten.

1. Juli 1977 | **München** Erneut haben die Münchener Grund zum Jubeln: Ihr Erzbischof kehrt als Kardinal aus Rom zurück. Hier grüßt er in typischer Haltung vom Balkon des Erzbischöflichen Palais in der Kardinal-Faulhaber-Straße. Faulhaber hatte ihn einst zum Priester geweiht.

5. Juni 1980 | **München** Intellektuell und volksverbunden zugleich: Bei der auf dem Domplatz stattfindenden Abschlussfeier der Fronleichnamsprozession segnet der Erzbischof ein Kind, das ihm entgegengehalten wird.

13. Juli 1980 | **München** Offenbar keine Berührungsängste: Am Rande einer Firmungszeremonie in der Münchener Pfarrei Heilige Familie hält Erzbischof Joseph Ratzinger die kleine Elisabeth Santana auf dem Arm.

28. Oktober 1977 | **München** Spirituelle Ausstrahlung: Gottesdienst für Münchener Ordensfrauen in der Jesuitenkirche St. Michael unweit des Münchener Liebfrauendoms.

20. Februar 1980 | **München** Zeichen der Buße: Beim traditionellen Münchener Aschermittwoch der Künstler zeichnet Abt Odilo Lechner in der Pfarr- und Klosterkirche St. Bonifaz ein Aschenkreuz auf die Stirn des Erzbischofs.

14. April 1978 | **München** Kirche der Fröhlichen: Am Münchener Hauptbahnhof verabschiedet der Erzbischof (zwischen dem linken und mittleren Zugfenster) den sogenannten Sonnenzug, mit dem Pilger in den italienischen Wallfahrtsort Assisi reisen, die Stadt des heiligen Franziskus.

September 1979 | **Freiburg** Kirche der Armen: Auf dem Katholikentag vom 13. bis 17. September 1979 trifft Ratzinger auf Mutter Teresa. Als Mitglied der Kongregation für die Heiligsprechung wirkte er später am Prozess zu ihrer Seligsprechung (am 19. Oktober 2003) mit.

18. November 1978 | **München** Ratzinger begrüßt Roger Schutz, Gründer der Gemeinschaft von Taizé, bei der ökumenischen Gebetsnacht im Dom. Mit Schutz († 16. August 2005) verband ihn eine tiefe Freundschaft, die Beziehungen zu Taizé sind auch Benedikt XVI. sehr wichtig.

13. November 1977 | **Freising** Beim Korbiniansfest der Jugend im Freisinger Domhof besucht der Erzbischof einen Informationsstand und wärmt sich an einem heißen Getränk. Wie so oft trägt er seine Baskenmütze – fast ein Markenzeichen.

Mai/Juni 1980 | **Rhodos** Von 30. Mai bis 3. Juni 1980 nimmt Kardinal Ratzinger an der Tagung der Kommission für den katholisch-orthodoxen Dialog teil. Sein Bischofskreuz ist ein Geschenk befreundeter orthodoxer Priester, die bei ihm studiert hatten.

13. September 1980 | **Oswiecim** Zusammen mit deutschen und polnischen Bischofskollegen betet Ratzinger (vorderste Reihe rechts) im ehemaligen Vernichtungslager Auschwitz. Mit weithin unbekannt gebliebenen Polenreisen stärkte er im Auftrag des Papstes die Widerstandsbewegung.

19. November 1980 | **München** Hoher Besuch: Das Erzbischöfliche Palais ist voll beflaggt, als Papst Johannes Paul II. im Zuge seines ersten Deutschlandbesuchs in München eintrifft: »Die Zukunft der Kirche wird auch heute nur aus der Kraft derer kommen, die tiefe Wurzeln haben.«

28. März 1982 | **München** Am Tag seines Abschieds als Münchener Erzbischof betet Joseph Ratzinger ein letztes Mal vor der Mariensäule auf dem Marienplatz – Johannes Paul II. hat ihn nach Rom berufen. Von rechts grüßt ein Turm seiner Bischofskirche, des Liebfrauendoms, herüber. Die Bitte an seine Landsleute: »Halten wir zusammen! Bleiben wir beieinander.«

Ein Unbequemer auf dem Hirtenstuhl

DER BISCHOF VON MÜNCHEN ALS KRITIKER EINER SICH VERIRRENDEN GESELLSCHAFT UND VISIONÄR FÜR DIE ZUKUNFT DER KIRCHE

Im Sommersemester 1966 hatte Joseph Ratzinger seine Vorlesungstätigkeit in Tübingen begonnen. Wieder einmal »in ziemlich schlechtem Gesundheitszustand übrigens«, wie er eigens notiert. Im Zuge der anhebenden Protestwelle der Jugend, die zunehmend die ganze westliche Welt erfasst, beginnt in Deutschland auch die Aufarbeitung der Vergangenheit. Die Elterngeneration wird angeklagt. Für Mitschuld an Naziterror und Judenmord, für Selbstabsolution und Selbstgefälligkeit. Aber es geht um mehr. Ziel der neuen Generation ist ein ungegängeltes Leben, frei von bisheriger Tradition und Rollenaufteilung, die man als Zwang versteht. Viele träumen gar von einem radikalen Umsturz der Gesellschaft nach dem Muster einer kommunistischen Ordnung.

Als die antiautoritäre Revolte die Rebellion von der Straße in die Hörsäle trägt, entsteht auch an den Universitäten eine neue Situation, und ausgerechnet die Theologen bilden mit das ideologische Zentrum des Aufruhrs. »Der Existenzialismus zerfiel«, erinnert sich Ratzinger an die Ablösung des bisherigen Hauptthemas, »und die marxistische Revolution zündete in der ganzen Universität, erschütterte sie in ihren Grundfesten.«

Ratzinger ist weder vom Alter noch vom Typus her ein Gelehrter, dem man »unter dem Talar den Muff von tausend Jahren« nachsagen könnte. Vielfach sind die Revoluzzer nicht viel jünger als er selbst. Und die Halbstarken-Gebärden werden bei ihm, der den Terror des Krieges erlebte, mit fünfundzwanzig Jahren seiner ersten Hörerschaft gegenüberstand und eine natürliche Autorität ausstrahlt, kaum ein »Trauma« ausgelöst haben, wie man es dem späteren Glaubenshüter in die Biografie zu schreiben versuchte. »Er ist mit seinen Studenten immer gut ausgekommen«, berichtet die damalige Studentin Irmgard Schmidt-Sommer. Von Attacken gegen den allseits beliebten Professor könne keine Rede sein, im Gegenteil. Bei einer Podiumsdiskussion beispielsweise zusammen mit den Professoren Schillebeeckx, Küng und Seckler über den »neuen Weg der Kirche« habe er anfangs nur aufmerksam zugehört, bis schließlich die ersten Sprechchöre aufkamen: »Ratzinger soll sprechen! Ratzinger soll sprechen!« Schmidt-Sommer: »Danach wurde ihm das Wort erteilt, und er fasste innerhalb einer Viertelstunde den Vortrag und die bisherige Diskussion so brillant zusammen, dass der Moderator sagte, dies sei das richtige Schlusswort gewesen, mehr gäbe es nicht zu sagen.«

Zu Beginn der Studentenunruhen hat der Theologe durchaus Verständnis für das Anliegen der Protestierer, das »Aufbegehren gegen einen Wohlstandspragmatismus«. Zunehmend aber gewinnen rote Rollkommandos die Oberhand. Bis dahin, so der Kirchenmann, »kannte ich Marxismus und Neo-Marxismus nur von Büchern, und ich dachte, es wäre gut, darüber zu diskutieren«. Unerträglich aber findet er nun, wenn die Ideologie »namens des Glaubens vorgetragen wird und die Kirche als ihr Instrument benützt«.

Im Dritten Reich erlebte er, wie die Kreuze aus den Schulen geschleppt wurden, jetzt wird der gekreuzigte Heiland in Flugblättern und Wandschmierereien als Sadomasochist verhöhnt.

Federführend dabei: Theologen. Noch im Nachhinein ist der Professor so empört, dass ihm eine Differenzierung des Geschehens, wie man sie von ihm gewohnt ist, offenbar schwerfällt: »Ich habe das grausame Antlitz dieser atheistischen Frömmigkeit unverhüllt gesehen, den Psycho-Terror, die Hemmungslosigkeit, mit der man jede moralische Überlegung als bürgerlichen Rest preisgeben konnte, wo es um das ideologische Ziel ging.« Eine Erfahrung, die nachwirkt. In diesen Jahren, so wird er später resümieren, habe er nämlich gelernt, »wann eine Diskussion aufhören muss, weil sie sich in eine Lüge wandelt, und Widerstand muss einsetzen, um die Freiheit zu erhalten«.

Ratzinger berichtet, er habe zwar persönlich »nie Schwierigkeiten« mit seinen Studenten gehabt, es wäre ihm jedoch als Verrat vorgekommen, sich in die Ruhe des eigenen Hörsaals zurückzuziehen. Er gründet zusammen mit evangelischen Theologen ein Aktionsbündnis gegen die Angriffe auf den christlichen Glauben – allerdings ohne große Resonanz zu finden. An einen akademischen Betrieb ist ohnehin nicht mehr zu denken. Als zu dieser Stunde aus Regensburg, der neuen Heimat des Bruders, erneut ein Ruf kommt, nimmt er an.

Ratzinger ist nicht aus Tübingen geflohen. Einen ersten Ruf hatte er gar abgelehnt, da er als Mitglied der Berufungskommission der neu gegründeten Universität sich nicht dem Vorwurf einer Interessenverflechtung aussetzen wollte.

Tübingen war gewiss ein Einbruch in der Biografie des Joseph Ratzinger. Galt er zuvor als Startheologe, einer, der progressive Perspektiven entwickelt, so steht er nun förmlich über Nacht im Ruf, ein Reaktionär zu sein. Ein Bild, das später zu den Standards der Anti-Ratzinger-Polemik gehört. Aber weder gibt es beweiskräftige Belege für die These, Ratzinger habe in der Zeit der Rebellion ein »Trauma« erlebt, noch für die Behauptung, aus dem früher reformorientierten Gelehrten sei in einer Art umgekehrtem Saulus-Erlebnis ein konservativer Hardliner geworden. Sicherlich hat der Theologe die Phänomene der 68er-Bewegung nicht sonderlich differenziert bewertet. Aber entweder war Ratzinger nie progressiv – oder er hat sich seine kritische Haltung auch weiterhin bewahrt. Alle Anzeichen sprechen für die letztere Theorie. Im Nachhinein gilt festzuhalten, dass Ratzinger an dem Punkt, von dem aus die westlichen Gesellschaften über Jahrzehnte hinweg bis auf die Grundfesten erschüttert werden sollten, eine Analyse vorwegnahm, die inzwischen auf breiter Basis Anerkennung findet. Was seine theologische Kontinuität betrifft, so bescheinigen Kirchenhistoriker wie Vinzenz Pfnür, Ratzinger habe keinerlei Änderungen vollzogen. In einem 1988 veröffentlichten Vorwort, in dem er eine seiner Schriften aus dem Jahre 1962 kommentierte, zeigte sich sogar Ratzinger selbst »überrascht« davon, »wie konstant mein Denken in dieser Zeit des Umbruchs geblieben war«. Einen Schlüsselsatz aus seinem klassischen Werk *Einführung in das Christentum* von 1968 würde er wohl auch heute nicht anders formulieren als damals: »Wer die theologische Bewegung des letzten Jahrzehnts beobachtet hat und nicht zu jenen Gedankenlosen gehört, die das Neue unbesehen jederzeit auch schon für das Bessere halten, könnte sich wohl dabei an die alte Geschichte vom ›Hans im Glück‹ erinnert fühlen.« Der tauschte den Goldklumpen, der ihm zu mühsam und schwer war, zuerst für ein Pferd, das Pferd für eine Kuh, die Kuh für ein Schwein, das Schwein für eine Gans, und die Gans schließlich für einen Schleifstein, den er glücklich in einen Brunnen plumpsen sah – für die »köstliche Gabe völliger Freiheit«, wie er meinte. »Wie lang seine Trunkenheit währte«, schloss Ratzinger, »wie finster der Augenblick des Erwachens aus der Geschichte seiner vermeinten Befreiung war, das auszudenken überlässt jene Geschichte der Fantasie der Leser.«

Joseph Ratzinger ist ein streitbarer Theologe, der geborene Kämpfer ist er nicht. Auch wenn er Eigenschaften in sich vereint, die für gewöhnlich nicht zusammenpassen – er ist bescheiden und bestimmend zugleich, unauffällig und hervorstechend, intellektuell brillant und kindlich gläubig. Dazu gehört auch die schwache Stimme, die so lautstark sein kann wie die des Mönchsvaters Antonius, der die Städte der antiken Welt selbst aus der Wüste heraus erreichte. Stärke muss er sich regelrecht abringen, sagt sein Bruder, das sei nicht wirklich seine Natur.

»Entgegen der schwarzen Legende vom Großinquisitor, der mit eiserner Faust die Orthodoxie in der Kirche durchsetzt«, so beobachtete später der Autor Jan Ross in der *Zeit*, »ist er ein leiser Gelehrtentyp, in mancher Hinsicht bis heute ein typischer deutscher Professor, so, wie es ihn einst gab.« Aber den Mut, sich querzustellen, den der Theologe von jedem Christen sehen möchte, verlangt er auch sich selbst ab. Mit Leidenschaft verteidigt er dabei die einfachen Gläubigen gegen das Pharisäertum mancher Theologen, die vor der Frömmigkeit des Volkes geradezu einen Abscheu zu haben scheinen. Ratzinger drückt es so aus: »Letzen Endes lebt die Kirche in traurigen wie in glücklichen Tagen den Glauben der einfachen Menschen, die reinen Herzens sind. So lebte auch Israel gerade in der Zeit, als der pharisäische Gesetzesglaube und der Liberalismus der Sadduzäer das Antlitz des auserwählten Volks entstellte.«

Wer Ratzinger nur als Gegner ihm fremder Meinungen sieht, verkennt ein wichtiges Grundmuster seines Denkens und Handelns: die Auseinandersetzung mit Gegenpositionen und neuen Fragestellungen. Er nimmt sie stellvertretend an, um mit dem Unkraut, das darin wuchert, nicht auch das Brauchbare wegzuwerfen. In Tübingen sieht er ganz einfach seine Mission gefährdet, den Auftrag, der ihn antreibt. Es ist wie die Leidenschaft eines Forschers, der sich zurückzieht aus dem Tohuwabohu der Diskussionen, um im Wettlauf gegen die Zeit die Entwicklung eines entscheidenden Impfstoffes voranzutreiben.

Mit der Berufung nach Regensburg übernimmt Ratzinger im Herbst 1969 die Professur für Dogmatik und Dogmengeschichte, ab 1976 auch das Amt des Vizepräsidenten der Universität. Der neuerliche Wechsel sollte nun, »das war mir klar, ganz entschieden der letzte sein«. Schon im Sinne der Familienzusammenführung. »Ich hatte ein kleines Haus mit Garten bauen können, das meiner Schwester und mir ein rechtes Zuhause wurde.« Ein Zimmer ist für Bruder Georg reserviert, die Wochenenden verbringen die Geschwister gemeinsam mit Spazierfahrten und Kaffeeklatsch. Dass er hier auf Dauer bleiben will, zeigt die Umbettung des elterlichen Grabes, das er nun von Traunstein überführen lässt. An seinem neuen Wohnort in dem Vorort Pentling wird der Professor gar zu einem regelrechten Brückenbauer. Über den Kontakt zu ihm, der stets zu Fuß unterwegs ist, der in der Pfarrei Messen liest und den die Pentlinger bald als »unseren Pfarrer« bezeichnen, gelingt endlich auch die Verbindung zwischen alteingesessenen Bauern des Dorfes mit den vielen neu angesiedelten Universitätslehrern, die bislang als Fremdkörper betrachtet wurden.

»Starallüren waren ihm völlig fremd«, beobachtet der Professorenkollege Heinrich Groß, was nicht heißt, dass Ratzinger nicht herausragte. Er tat das wie auch bisher auf seine ihm eigene Art: »Das Ungewöhnliche war das Normale an ihm.« »Frappierend war für mich«, berichtet der Ratzinger-Schüler Wolfgang Beinert, der sich als Chauffeur bei Ausflügen nützlich machte, »wie dieser berühmte Professor, der eigentlich als Kritiker des Bestehenden galt, dann ganz schlicht eine Kerze nahm, bezahlte, anzündete und vor einer Muttergottes-Darstellung betete.«

Der Professor bleibt streitbar. Als Gegengewicht zu *Concilium*, einer von Hans Küng, Karl Rahner und Johann Baptist Metz herausgegebenen theologischen Monatsschrift, ruft er 1972 mit Hans Urs von Balthasar, Henri de Lubac und Karl Lehmann die Zeitschrift *Communio* ins Leben. Über ihre akademischen Grenzen kommt die Publikation nicht hinaus.

Von hier aus aber erhebt Ratzinger nicht nur Anklage gegen Bestrebungen, in denen er eine Unterspülung der Fundamente sieht, sondern insbesondere auch gegen die römische Kurie. »Jetzt ist klar geworden«, schreibt er im Zusammenhang mit den Nachwehen des Aufruhrs von 1968, »dass die leitenden Gremien der Kirche in dieser Situation nicht einfach schweigen können, sondern ihre Aufgabe, die Krise zu beherrschen, erfüllen sollen. Mit jedem Tag wird die Forderung nach einer klaren Führung deutlicher, während der Papst und die Bischöfe bis jetzt unfähig sind, zu einer Lösung zu kommen.«

In Regensburg sieht Ratzinger nach den »zermürbenden Auseinandersetzungen« von Tübingen nun »das rechte universitäre Fluidum gegeben«, seine Theologie auszubreiten: »Ich freute mich darauf, etwas Eigenes, Neues und doch ganz im Glauben der Kirche Gewachsenes sagen zu dürfen.« Es sei ihm »allmählich eine Vision des Ganzen« zugewachsen, »die sich aus den vielfältigen Erfahrungen und Erkenntnissen speiste, mit denen mich mein theologischer Weg konfrontiert hatte«. Insbesondere spricht er, nicht zum letzten Mal übrigens, von einer »Christologie«, die er unbedingt schreiben müsse. Doch der Professor ist noch gar nicht so lange vor Ort, als er besonderen Besuch bekommt.

Als im Juli 1976 völlig unerwartet der Münchener Erzbischof Julius Döpfner verstirbt, kommen sofort Spekulationen auf, Ratzinger sei einer der Nachfolgekandidaten. Der Genannte selbst will die Gerüchte »nicht sehr ernst nehmen«.

»Die Grenzen meiner Gesundheit waren ebenso bekannt«, hält er fest, »wie meine Fremdheit gegenüber Aufgaben der Leitung und der Verwaltung.« Gerade zu diesem Zeitpunkt glaubt er, »meine eigene theologische Vision gefunden« zu haben und jetzt ein eigenes Œuvre schaffen zu können: »Ich wusste mich zum Gelehrtenleben berufen.«

Als plötzlich Nuntius Del Mestri auftaucht, denkt Ratzinger

»noch an nichts Schlimmes«, zumal man nur über Belanglosigkeiten plaudert. Zum Abschied aber drückt ihm der Boschafter des Vatikans einen Brief in die Hand. Er solle den Umschlag zu Hause öffnen und alles bedenken. Ratzinger nimmt und liest: Es ist »meine Ernennung zum Erzbischof von München und Freising«. Er ist erschüttert. Und versucht sich zu wehren, argumentiert, appelliert, aber sämtliche Gegenrede bleibt ohne Erfolg. Selbst sein Beichtvater, von dem er sich Hilfe erhofft, redet ihm ohne großes Überlegen zu: »Das musst du annehmen.« Am nächsten Tag unterschreibt er in einem Regensburger Hotel im Beisein des Nuntius in seiner klitzekleinen Schrift auf Hotelbriefpapier seine Unterwerfung. Manchmal, so fügt er hinzu, »muss man auch etwas annehmen, was einem nicht von Anfang an in der eigenen Lebenslinie zu liegen scheint«.

Es ist der Vorabend des Pfingstfestes im Jahr 1977, ein strahlender Frühsommertag, als Joseph Ratzinger als 11. Erzbischof des Metropolitansitzes seiner Heimat antritt, um die, so Paul VI., »weit erstreckte und bedeutende Kirche von München und Freising« zu führen. »Zuletzt ermahnen Wir Dich, lieber Sohn«, so hatte der Papst den »Meister der Theologie« gebeten, »herzlich mit den Worten des heiligen Augustinus: Arbeite auf dem Ackerfeld Gottes; mit allen Kräften mühe Dich darum, dass alle, die Deiner Sorge anvertraut sind, in der Kirche lebendige Steine seien, vom Glauben geformt, in der Hoffnung gefestigt, in der Liebe einander verbunden.« Noch immer habe er freilich innerlich geschwankt, berichtet Ratzinger. Es sei noch eine Menge an Arbeit zu erledigen gewesen, »sodass ich mit ziemlich angeschlagener Gesundheit auf den Tag der Weihe zuging«. Dann aber sei alles »geradezu unwiderstehlich« gewesen.

Der Dom ist längst herausgeputzt, der Marienplatz festlich geschmückt. Und als der neue Oberhirte mit dem Gebet vor der Mariensäule von der Marienstadt Besitz ergreift, zeigt er sich ergriffen. »Ich habe erlebt, was Sakrament ist«, bekennt er. Es gehe dabei gar nicht so sehr um die Zustimmung zu einer bestimmten Person. Eine ganz andere Wirklichkeit trete zutage, auch wenn das vielen gar nicht so richtig bewusst sei: »Man begrüßt den Bischof, den Träger des Geheimnisses Christi.« Der Ausdruck »Träger des Geheimnisses Christi« war ihm bereits bei seiner Primizfeier in den Sinn gekommen, als er in Traunstein den Segen Gottes von Haus zu Haus getragen hatte. Und geradezu pathetisch drückt er in der Rückschau die lebensgeschichtliche Bedeutung der Münchener Stunde aus. Der Mensch Joseph Ratzinger ist gewissermaßen am Zielpunkt seiner Existenz angekommen: »Mit der Bischofsweihe beginnt auf dem Weg meines Lebens die Gegenwart. Für mich ist das, was mit der Handauflegung zur Bischofsweihe im Münchener Dom anfing, noch immer das Jetzt meines Lebens.«

Bereits vier Wochen nach der Inthronisation erhebt Paul VI. Joseph Ratzinger auch gleich noch in den Stand der Kardinäle, als einen der jüngsten des weltweiten Kollegiums. Gerade am Anfang seiner Bischofszeit, so Ratzinger, seien ihm vor allem »immer die Worte der Bibel wie der Kirchenväter im Ohr« geklungen, »die die Hirten mit großer Schärfe verurteilen, die wie stumme Hunde sind und, um Konflikte zu vermeiden, das Gift sich ausbreiten lassen«. Ein stummer Hund will er nicht sein. Wichtig ist ihm vielmehr, »dass die Kirche sich nie mit dem Zeitgeist liieren darf. Sie muss die Laster und Gefährdungen einer Zeit ansprechen«. Ein Bischof, sagt er, »dem es nur darauf ankäme, keinen Ärger zu haben«, sei für ihn »eine abschreckende Vision«. Die *Bayerische Staatszeitung* begrüßt den Erzbischof Dr. Joseph Ratzinger denn auch als »eine neue Leitgestalt auf der Weltbühne der Kirche und auf dem kleinen Welttheater Deutschland«.

Ratzinger bringt für seine neue Aufgabe weder Erfahrung mit noch kann er auf ein Geflecht von Beziehungen im deutschen Episkopat aufbauen, wo sich die meisten seiner Hirtenkollegen aus der römischen Klerikerschmiede *Collegium Germanicum* kennen, dem 1552 gegründeten deutschsprachigen Priesterseminar am Tiber. Immerhin kommt mit dem nun Fünfzigjährigen erstmals nach achtzig Jahren wieder ein Altbayer in das Amt. Der neue Bischof, merkt die *Neue Zürcher Zeitung* an, verfüge nicht nur über enormen Charme, er gehöre »zur internationalen Spitzengarnitur seiner Zunft«. Im Übrigen bildeten »die Gabe der leichten und eleganten Formulierung, der entwickelte Sinn für das Musische für einen Münchner Erzbischof eine nicht zu unterschätzende Mitgift«. Es wäre freilich falsch, den neuen Hirten allzu vereinfachend als »Bewahrer« abzustempeln: »Augustinus und Bonaventura, mit denen er sich während seiner Studien ausführlicher beschäftigt hat, standen nicht in diesem Lager.«

Mit welcher Sicherheit der Theologe den Grad seiner Beanspruchung vorausahnt, zeigt sich in der Wahl von Bischofsmotto und

Wappen, mit denen er sich fortan kennzeichnet. Ratzingers Sinn für Bildsymbolik lässt erahnen, wie bedacht er diese Zeichen auswählt. Sein Wahlspruch »Mitarbeiter der Wahrheit«, der nicht triumphalistisch gemeint ist, sondern dienend, symbolisiert nach eigener Aussage die Klammer zwischen seiner bisherigen und seiner künftigen Existenz. Der Vorsatz sei geradezu eine Notwendigkeit, da »in der heutigen Welt das Thema Wahrheit fast ganz verschwunden ist, weil sie als für den Menschen zu groß erscheint und doch alles verfällt, wenn es keine Wahrheit gibt.« Das Wappen zeigt einen Mohren, eine Muschel und einen Bären. Den gekrönten Mohren übernimmt er aus der tausendjährigen Tradition seiner Vorgänger. Die Bedeutung dieses geheimnisvollen Bildes allerdings, so fasst zu Ratzingers Amtsantritt das erzbischöfliche Archiv zusammen, »bleibt ungewiss, und alle bisher dazu gemachten Ausführungen sind rein spekulativer Natur«. Die Muschel deutet Ratzinger als Zeichen der Pilgerschaft und als Hinweis »auf meinen großen Meister Augustinus«, vor allem wohl aber für Gottes »Größe des Geheimnisses, das weiter reicht als all unsere Wissenschaft.« Der Bär ist das Zeichen des Freisinger Gründerbischofs Korbinian. Dessen Pferd war auf einer Reise nach Rom von einem Bären zerfleischt worden, worauf der Heilige zur Strafe sein Bündel nun dem Bären aufpackte, der es in die Ewige Stadt schleppen musste.

Das Zeichen des Bären, ergänzt der neue Bischof, sei ihm »zur Darstellung meines eigenen Geschicks« geworden. Wer auf Gottes Seite stehe, stehe damit nicht notwendig auf Seiten des Erfolgs. Aber das Stehen vor Gott würde letztendlich auch die Belanglosigkeit materiellen Reichtums und Erfolgs erkennen lassen. Mit dem Bären, dem Lasttier, sehe er sich gleich Augustinus: »Er hatte das Leben eines Gelehrten gewählt und war von Gott zum ›Zugtier‹ bestimmt worden – zum braven Ochsen, der den Karren Gottes in dieser Welt zieht. Wie oft hat er aufbegehrt gegen all den Kleinkram, der ihm auf diese Weise auferlegt war und ihn an der großen geistigen Arbeit hinderte, die er als seine tiefste Berufung wusste.« Und wie Augustinus mochte wohl auch Ratzinger empfinden: »Dein Packesel bin ich geworden – und so, gerade so bin ich bei dir.« – »Ich bin mir bewusst«, gesteht er seinem Publikum bei der offiziellen Amtseinführung, »dass ich jetzt versuchen muss, ein Zugochse zu sein, und dass ich ständig im Geschirr stehen werde.«

Ermüdung des Glaubens, Rückgang der Berufungen, Verlust an religiösem Bewusstsein – der Bischof macht sich keine Illusionen, was auf ihn zukommt. »Die Kirche wandert durch eine Welt«, so hatte er bereits sieben Jahre zuvor skizziert, »die gottlos, religiös klanglos geworden zu sein scheint.« Nun ist die Situation greifbar geworden. Als ein »progressiver Vordenker«, wie noch vor wenigen Jahren, gilt er ohnehin nicht mehr. Die 68er-Revolte und die Auseinandersetzungen um das Konzil hatten neue Lager geschaffen. Immerhin sei er, notiert die *Süddeutsche Zeitung* zum Einstand, »von allen Konservativen in der Kirche derjenige mit der stärksten Dialogfähigkeit«. Die *Frankfurter Allgemeine Zeitung* weiß: »Er hat sogar die verblüffende Gabe, Selbstverständliches, einfache Wahrheiten, so offen zu sagen, dass sie überraschen.« Allerdings sollte man vorsichtig sein, Ratzinger verstehe »sein Amt als Bastion wider den Zeitgeist und sich selbst als lehrenden Hüter der Wahrheit Jesu«.

Das gilt in erster Linie für die Katechese. Der neue Bischof hat eine äußerst poetische Sprache, und er liebt es, in der Auslegung der Schrift gerade jene Stellen herauszugreifen, die Gegenständlichkeit und Poesie gleichsam auszeichnen. Insbesondere wenn er auf Hiob zugreift, den von Gott scheinbar Geschlagenen, den Zweifler, der sich bei aller Auflehnung immer auch vor der Herrlichkeit des Schöpfers verneigt.

Manchmal scheint es, als kenne er jede Zeile der gesamten Bibel, könnte jede beliebige Stelle mit einer anderen in Verbindung bringen – um mit noch unentdeckten Verknüpfungen der Heiligen Schrift und der Aufzeichnungen der Väter neue Geheimnisse zu erschließen. Und als ob jedes einzelne der biblischen Worte schon wichtige Hinweise enthalte, nimmt er sie mit feiner Pinzette auf, hält sie gegen das Licht, stellt sie in eine Reihe, zeigt die Logik, die sich erahnen lässt, und bringt auf diese Weise, um mit Ratzingers Worten zu sprechen, »die transzendente Größe des göttlichen Wissens erneut zum Vorschein, das nicht nur die Vergangenheit und die Gegenwart der Menschheit umfasst, sondern auch die noch verborgene Spanne der Zukunft«.

Die neue Leitgestalt nimmt auf dem Bischofsstuhl erst gar nicht richtig Platz, sie nutzt ihn als Podest. Als ein großer Prediger seiner Zeit beschäftigt Ratzinger sich nicht etwa nur mit den innerkirchlichen Befindlichkeiten. Er fordert zwar auch den Abbau des Kirchenapparates, spricht sich gegen eine inflationäre Ernennung von Heiligen aus, sein Thema aber sind die neuen Zentrifugalkräfte, von denen er glaubt, dass sie die Gesellschaft auseinanderreißen könnten.

Eine vielfach blind gewordene Gesellschaft macht er ausfindig, gefesselt in der babylonischen Gefangenschaft ihres hochmütigen Lebensstils und einer ideologischen Verblendung. In der Auflehnung gegen Gott habe sie ihre Urteilsfähigkeit verloren und neige auf wichtigen Feldern der Gesellschaftspolitik zu Experimenten, die im Desaster enden müssten. Ein politisches Rechts-links-Schema ist dabei auf Ratzinger schwer anwendbar. Mit seinem Engagement für die Dritte Welt und dem Slogan »Ruhe ist nicht die erste Bürgerpflicht« könnte man ihn für einen späten Revoluzzer halten, mit seinen Brandreden gegen den Kommunismus erinnert er viele wiederum an einen rechten Revisionisten: Marxismus sei »wissenschaftlich nicht mehr ernst zu nehmen«, die kommunistische Welt empfindet er als eine »Schande unserer Zeit«, deren Lieblingsbegriffe wie »Revolution« und »Klassenkampf« nichts als »Blendwerk« seien. Zehn Jahre vor dem Fall der Berliner Mauer prophezeit der Bischof, der Kommunismus werde in absehbarer Zeit zusammenbrechen.

Ratzinger kündigt an, »die Essentials des christlichen Glaubens einer neuen Zeit zustellen« zu wollen – und wird zum radikalsten Gesellschaftskritiker der Siebzigerjahre, ein Rebell mit Hirtenstab, der weder Angst vor den Meinungshütern hat, noch zu befürchten scheint, dass sich seine Kritik nicht bewahrheiten könnte. Zornig ficht er gegen Selbstgefälligkeit und Selbstabsolution, geißelt die »spießige Bequemlichkeit« des modernen Menschen, den er »krank an Snobismus und hochmütiger Skepsis« sieht, oder auch die »geistige Umweltverschmutzung«, die sich nicht zuletzt »in der wachsenden Zahl verhaltensgestörter Kinder« ausdrücke. Die Palette ist groß. Die »Herzverfettung des Habens und Genießens« prangert der neue Oberhirte genauso an wie die zunehmende Unfähigkeit der Menschen, sich der Diktatur eines entleerten Zeitgeistes entgegenzustellen.

Eine merkwürdige Lebensgier macht er fest, »die Gier nach allen Arten von Erfüllungen«, die »aufs Äußerste gesteigert« werde, »aber alsbald ist eine ungeheure Entwertung des Lebens daraus geworden – man wirft es weg«. Die Menschen der Gegenwart seien stark in der technischen und wissenschaftlichen Beherrschung und Veränderung der Welt, »aber schwach in den Kräften, die nach innen und nach oben weisen«. In der heutigen Welt gebe es geradezu eine Sucht, alles zu zerstören. Es bedürfe wieder des Mutes zu den guten Sitten, »die gleichsam die Verkehrsregeln der Menschlichkeit sind«, damit die Welt nicht zur Hölle werde. In einer Predigt ruft er 1981 weit in die Zukunft hinein: »Den Lebensstil verändern, die Erde nicht ausbeuten, sondern pflegen und ihr das Antlitz des Geistes geben.«

Eines der frühen Schlüsselthemen des Kritikers ist der Niedergang abendländischer Kultur. Diesem Thema hat er einen Großteil seiner Aufsätze und Reden gewidmet. Ein Kreuzritter ohne Schwert, der sich den heraufziehenden Gefahren für den alten Kontinent mit der Macht seines Wortes entgegenwirft.

Neuzeit »als eine neue geschichtliche Verfassung des Menschen«, stellt er fest, »ist offensichtlich durch ein verändertes Verhältnis zur Tradition entstanden«. Tradition würde dabei schon deshalb diskreditiert und verworfen, weil sie als unkritische Übernahme des Vergangenen erscheint. In einer Zeit, in der noch niemand Begriffe wie »Retortenbaby«, »therapeutisches Klonen« oder »Todesspritze« gehört hatte, musste die Fortführung von Ratzingers Visionen allerdings fast wie eine Zumutung wirken: »Am stärksten tritt diese Loslösung des Menschen vom Boden der Erde, von der Vorgegebenheit, die ihn trägt, in der Idee einer perfekten Verfügung über Leben und Tod wie in der Auflösung des Unterschieds von Mann und Frau in Erscheinung: Das Ziel der völligen Emanzipation scheint erreicht, wenn der Mensch technisch erzeugt werden kann, wenn er nicht mehr an der Zufälligkeit des Bios hängt, sondern alle Geheimnisse durchschauend sich selber plant in einem Denken, das nicht nach rückwärts blickt, sondern allein die Bedürfnisse und Hoffnungen der Zukunft zum Maßstab nimmt.«

Mit kaum einer anderen Gruppe geht Ratzinger allerdings so ins Gericht wie mit der eigenen Kirche. »Wann interpretiere ich, wann verdrehe ich«, müssten sich Theologen angesichts der Verfremdung des Evangeliums fragen, die wie eine ansteckende Krankheit um sich greife. Katholisches Christentum sei schließlich »etwas Definiertes, nicht etwas quallig Zerfließendes«. Eine Prophetie für das Ende des Jahrtausends hatte der Priester bereits 1970 gegeben, als er gebeten wurde, einen Aufsatz über »Kirche im Jahre 2000« zu verfassen. Wörtlich hielt Ratzinger fest: »Die Zukunft der Kirche kann und wird auch heute nur aus der Kraft derer kommen, die tiefe Wurzeln haben ... Sie wird nicht von denen kommen, die nur den bequemeren Weg wählen. Die der Passion des Glaubens ausweichen und alles für falsch und überholt, für Tyrannis und Gesetzlichkeit erklären, was den Menschen fordert, ihm wehtut, ihn nötigt, sich selbst preiszugeben. Sagen wir es positiv: Die Zukunft der Kirche wird auch dieses Mal wie immer von den Heiligen neu geprägt werden. Von Menschen also, die mehr wahrnehmen als die ›Phrasen‹, die gerade modern sind.«

Papst Paul VI. hatte die Fähigkeiten des streitbaren Theologen schon im Verlauf des Konzils schätzen gelernt, als Bischof von München beruft er ihn zum Mitglied des römischen Sekretariats für die Einheit der Christen, in den Rat der römischen Bischofssynode, in die Kommission für die Kirchenrechtsreform, und er sendet ihn als Legat zum Marianischen Kongress nach Ecuador, wo er sich mit der Theologie der Befreiung bekannt machen soll.

Aufmerksam geworden waren aber auch andere. Bereits am 24. April 1974 hatte der Staatssicherheitsdienst der DDR (Stasi) nach einer Rede des Dogmatikprofessors im Erfurter Priesterseminar die Akte Ratzinger angelegt. Mit acht Spitzeln wurde der berufliche Aufstieg des heutigen Papstes fortan beobachtet. Mit gutem Grund, wie die Stasi fand: »Ratzinger wird im Vatikan als einer der schärfsten Gegner des Kommunismus eingeschätzt«, heißt es in den Akten.

Schon 1979 hatte der Inoffizielle Mitarbeiter »IM Georg« notiert, im Vatikan werde »darüber gesprochen«, Ratzinger an die Kurie zu berufen. An anderer Stelle heißt es: »Seit Mitte der Siebzigerjahre verband Ratzinger eine enge Freundschaft mit dem damaligen Kardinal Wojtyla, für dessen Berufung zum Papst er sich sehr einsetzte.«

Der Befund sei relevant und könne Gegenstand künftiger Untersuchungen werden. Denn der Papst habe, so die Agenten, Ratzinger schon 1980 einen speziellen Auftrag erteilt. Seine Aufgabe: die »Organisation der kirchlichen Unterstützung in der BRD für die konterrevolutionäre Entwicklung in Polen«, womit nicht zuletzt der Protest der Gewerkschaft Solidarnosc gemeint ist, mit deren Aufstand der Fall des Ostblocks seinen Anfang nahm.

Tatsächlich hatte der Kardinal kein anderes Land so häufig besucht wie Polen, mit unterschiedlichen Missionen. Ein spezieller Auftrag als Kurier des Papstes ist durchaus vorstellbar. »Ratzinger gilt im Vatikan«, heißt es in der Geheimdienst-Akte, »nach dem Papst und Staatssekretär Casaroli als derzeit einflussreichster Politiker und führender Ideologe«. Am Zeug flicken konnte die Stasi ihrem erklärten Feind nicht. Ein im Februar 1981 eingeleiteter »Suchauftrag« in den NS-Archiven über seine Vergangenheit im Dritten Reich brachte keinen belastenden Befund: »Dokumente zu Ratzinger aus der Zeit vor dem 08.05.1945 sind nicht vorhanden.« Aufgefallen war den Ermittlern indes ein ganz anderes Charakteristikum: der Kardinal verfüge »über einen gewinnenden Charme, obwohl er zunächst auf einen Gesprächspartner etwas scheu wirke«.

Zu Beginn der Münchener Bischofszeit wird Ratzinger nachgesagt, er würde weder zu seinem Klerus noch zu seinen Amtskollegen ein besonderes Vertrauensverhältnis aufbauen. Manche halten ihm einen individualistischen Stil bei der Leitung der Diözese vor. Tatsächlich schafft er sich im Überschwang der ersten Aktivitäten eine Zahl von Gegnern, als er auf der Vorverlegung der Erstbeichte besteht, die künftig nicht mehr erst im vierten Grundschuljahr, sondern bereits vor der Erstkommunion erfolgen sollte. Die Änderung ist für viele nachvollziehbar, die Art der Durchsetzung per Dekret, die Ratzinger später bedauert, bringt aber auch etliche Pfarreien gegen ihn auf.

München hat seinen Bischof nicht immer gut behandelt. Noch als er Präfekt in Rom ist, verweigert ihm der rot-grün dominierte Münchener Stadtrat die Ehrenbürgerwürde. Seine Amtszeit selbst fiel in die aufgeheizte Sphäre eines Kulturkampfes. Die herrschende Meinung fand wenig Sympathie für einen wie ihn, der ernst geworden war, weil er erkannt hatte, dass hinter den noch prächtig schimmernden Fassaden der Kirche das einstmals feste Haus langsam in sich zusammenbrach.

Einmal kritisiert er einen Dorfpfarrer (was sofort für eine Schlagzeile sorgt), ein anderes Mal einen Pater in Zusammenhang mit dessen politischem Engagement. Größere »Opfer« gibt es freilich in den knapp fünf Jahren der Münchener Ära nicht zu entdecken. Stattdessen sieht man den Bischof – die Hände auf dem Rücken – mit einem einfachen Mantel über dem Priesterrock durch die Straßen seiner Stadt spazieren. Er scherzt mit Journalisten auf der Pressekonferenz, schwingt bei Pfarrfesten lachend Kinder im Arm, verabschiedet übermütig die Sanitätsschwestern für den Sonderzug nach Assisi.

Besonders viel Zeit nimmt er sich für die Korrespondenz mit den einfachen Leuten seines Bistums, denen er persönliche Lebensberatung gibt. Die Gläubigen danken es ihm. Von seinen Predigten werden im Münchener Ordinariat mitunter bis zu 50 000 Drucke bestellt.

Ratzinger ist bayerischer Patriot. Er liebt dieses Land in seiner ungebrochenen und unverkrampften Beziehung zu Heimat und Tradition, Werten und Überzeugungen des Glaubens. Sie spiegelt sich nicht nur in der Landeshymne (»Gott mit dir, du Land der Bayern«) oder in den Barock- und Rokokobauten, sondern auch in einer Kulturlandschaft, die nicht von ungefähr als *Terra Benedictina* bezeichnet wird, von den Mönchen Benedikts kultiviert – und gesegnet zugleich. Bei Bischof Joseph leuchtet manchmal sogar ein altbayerisches Taschentuch in Weißblau aus der Soutane, aber das hat nichts mit einer nationalen Begeisterung zu tun, sondern einzig mit der kosmopolitischen Freude an der Schönheit des christlichen Glaubens, die in bestimmten Regionen eben ganz besonders deutlich zum Ausdruck kommt. Im »geschichtlichen Lebensgefühl unseres Volkes«, erklärt er, könne man durch das christliche Erbe genau »jene Liberalität leben, in der Toleranz zu Anerkennung und Anerkennung zu Toleranz geworden ist«.

München, die Stadt und das Land, sind Ratzingers große Liebe. Und die Liebe ist es, die von hier aus ganz sein Thema wird. In dem Bistum ist er aufgewachsen, hier fand er seine Lehrer und Vorbilder, schloss Doktorarbeit und Habilitation ab, empfing Priester- und Bischofsweihe.

»Ich habe empfunden«, so heißt es in seiner Predigt bei der Weihe im Dom am 28. Mai 1977, »wie der Glaube uns im Gesicht dieser unserer schönen Stadt an allen Ecken und Enden anredet: Da ist die Mariensäule, da grüßt der Alte Peter, dahinter wird der barocke Turm der Heilig-Geist-Kirche sichtbar.« Dies alles zeige »die gleiche Helle und Heiterkeit des bayerischen Herzens, eines von Glauben geprägten und geöffneten Herzens«. Und weiter: »Unser München, unser Bayernland ist deswegen so schön, weil der christliche Glaube seine besten Kräfte geweckt hat. Er hat ihm nichts von seiner Kraft genommen, aber er hat sie großzügig und frei gemacht. Ein Bayern, in dem nicht mehr geglaubt würde, hätte seine Seele verloren – und keine Denkmalpflege könnte darüber hinwegtäuschen.«

Diese Vorstellung allerdings, so fährt er fort, sei »leider eine Vision, die nicht mehr einfach unwirklich ist. Und ich kann an diesem Tag der Frage nicht ausweichen, ob das Gesicht unseres Landes auch dann noch von Glauben geprägt sein wird, wenn man einmal mich zu meinem letzten Weg geleitet«.

Die Zeit Ratzingers in seiner geliebten Heimat sollte freilich bald für immer zu Ende gehen. Im Grunde hatte sich sein weiterer Weg längst entschieden, und den Schlüssel für sein Schicksal hatte niemand anderer in Händen als der Bischof von Krakau, Karol Wojtyla. Womöglich trafen die beiden Kirchenführer bereits auf einer Bischofssynode 1977 in Rom zusammen. In einem Fernsehinterview gab Benedikt XVI. 2006 zu Protokoll, er habe Wojtyla beim Konklave 1978 kennengelernt, aus dem der Pole als Papst hervorging. Aber bereits bei der ersten Begegnung habe ihn die »vorurteilslose Herzlichkeit« des Amtsbruders beeindruckt. »Ich habe mich mit ihm spontan sehr gut verstanden«, erzählt Ratzinger. Imponiert habe ihm die »unkomplizierte menschliche Direktheit und Offenheit und die Herzlichkeit auch, die von ihm ausgegangen ist. Da war der Humor, dann die Frömmigkeit, die man spürte, die nichts Aufgesetztes hat«.

»Ohne große Worte«, setzt Ratzinger hinzu, »ist so eine große Freundschaft geboren.« Es ist in der Tat der Beginn einer Beziehung, die für die Geschichte der Kirche prägend wirkt, weniger aufgrund der kongenialen Zusammenarbeit und der persönlichen Nähe der beiden Bischöfe, sondern vielmehr aufgrund ihrer historischen Aufgabenstellung.

Wojtyla hat den Auftrag, das leckgeschlagene Schiff der katholischen Christenheit durch eine stürmische See zu führen – auf einen Steuermann wie Joseph Ratzinger kann er dabei nicht verzichten. Über eine lange Zeit wehrt sich der Berufene, am Ende ist es fast schon ein Befehl, der ihn nach Rom zwingt. Der Abschied aus München fällt ihm doppelt schwer: »Es ist nicht leicht, dem Wunsch des Papstes nachzukommen, wenn man erst vor viereinhalb Jahren als Diözesanbischof den Gläubigen die Zusage von Beständigkeit und Treue gegeben hat.«

Ratzinger ahnt, welche Zeiten ihm bevorstehen. »Es war dunkel geworden um ihn. Er wollte endlich ein Mensch sein wie alle anderen: nur noch er selber.« Dieser Satz steht in einer Predigt vor seinem Abschied 1982 aus München. Vorsichtig lässt er auch anklingen, es würden wohl »nicht alle Nachrichten freundlich sein, die kommen«. In dieser Stunde bitte er aber gerade seine bayerischen Landsleute um ihren ganz besonderen Schutz: »Halten wir zusammen! Bleiben wir beieinander.«

FREUNDE AUF DEM STUHL PETRI

November 1980
München Papst Johannes Paul II. lauscht aufmerksam den Worten seines Gastgebers Joseph Kardinal Ratzinger. Später wird der Pontifex den deutschen Theologen zu einem seiner engsten Berater machen: »Ich habe mich mit ihm spontan sehr gut verstanden.«

19. November 1980
München Ihr Blick geht in dieselbe Richtung – hier im Herkulessaal der Münchener Residenz. Nicht nur theologisch liegen Johannes Paul II. und Joseph Ratzinger auf einer Wellenlänge: »Da war der Humor, dann die Frömmigkeit, die man spürte, die nichts Aufgesetztes hat.«

10. Oktober 1981 | **Vatikan** Johannes Paul II. empfängt die Teilnehmer einer Sitzung des Synodenrats mit den Kardinälen (von rechts nach links) Bernardin Gantin, Roger Etchegaray und Joseph Ratzinger: »Ohne große Worte ist eine große Freundschaft geboren.«

19. November 1980 | **München** Der Papst und sein Gastgeber fahren von der Theresienwiese ab, nachdem Johannes Paul II. auf der riesigen Freifläche im Herzen Münchens im Zuge seines Deutschlandbesuches eine Messe unter freiem Himmel zelebriert hat.

25. Januar 1983 | **Vatikan** Johannes Paul II. setzt mit seiner Unterschrift ein neues Kirchenrecht in Kraft. Neben ihm stehen Joseph Kardinal Ratzinger und der venezolanische Erzbischof Rosalio José Castillo Lara, der die Überarbeitung des Gesetzbuches leitete.

22. Oktober 1978 | **Vatikan** Als Gratulant kniet Joseph Ratzinger am Tag der Amtseinführung des neuen Papstes vor Johannes Paul II. Deutsche und österreichische Kardinäle hatten sich maßgeblich für die Wahl Karol Wojtylas starkgemacht, allen voran Franz König und Ratzinger.

22. Oktober 1978 | **Vatikan** Wenige Sekunden vor oder nach der Aufnahme ganz links: Die herzliche Umarmung der beiden geistlichen Würdenträger macht deutlich, dass die beiden Männer nicht nur kollegial verbunden sind. Vielleicht ahnt der Kardinal bereits, dass der Papst nicht auf seine unmittelbare Unterstützung in Rom verzichten will.

9. April 2004 | **Rom** Im Rahmen der Karfreitagsliturgie im Kolosseum küsst Johannes Paul II. das von Joseph Ratzinger gehaltene Kreuz. Fast sieht es aus, als wolle der schwer kranke Papst seinem Freund das Symbol der Nachfolge Christi persönlich übergeben.

2005 | **Vatikan** Voller Mitgefühl blickt Joseph Kardinal Ratzinger auf den von schwerer Krankheit gezeichneten Papst. Johannes Paul II., wird er später als sein Nachfolger sagen, sei »durch den Schmelztiegel der apostolischen Strapazen und der Krankheit« hindurchgegangen.

21. August 1999
Pentling Der Vorsitzende der Glaubenskongregation als Privatmensch: Joseph Ratzinger spielt mit dem kleinen Sebastian. Die Freundschaft zu dessen Großeltern pflegt er seit seiner Zeit als Professor in Regensburg.

5. April 1986 | **Rom** Ein Mann des geschriebenen Wortes: In seiner römischen Wohnung präsentiert sich der Autor Joseph Ratzinger als Leser. Sein eigenes theologisches Werk geht in allen Teilen stets von der biblischen Grundlage und der Überlieferung der Väter aus.

26. April 1993 | **Vatikan** Fast schon verspielt: Mit einem Lächeln lugt der Kardinal zwischen den mächtigen Säulen hervor – Zeichen von Humor und Zurückgenommenheit, um innerhalb des riesigen Apparats der vatikanischen Organisation eine unverbildete Menschlichkeit zu bewahren.

1983 | **Vatikan** Ehrfurcht gebietend: Joseph Kardinal Ratzinger während der ersten Jahre als Präfekt der Glaubenskongregation. Seine feste Haltung in den Fragen der katholischen Lehre macht ihn in den Augen seiner Kritiker zum »Großinquisitor« und »Panzerkardinal«.

4. April 2005 | **Vatikan** Zwei Tage nach dem Tod Johannes Pauls II. wird sein Leichnam im Petersdom aufgebahrt. Die Gläubigen erhalten so die Gelegenheit, sich von dem Verstorbenen zu verabschieden. Sein Pontifikat währte über ein Vierteljahrhundert.

1. April 2005 | **Vatikan** Unzählige bangende und betende Menschen verfolgen bei einer Nachtwache im Vatikan die Berichte über den sich verschlechternden Gesundheitszustand von Johannes Paul II. Das beeindruckende Vorbild des Papstes setzte ungeahnte spirituelle Energien frei.

8. April 2005 | **Vatikan** Joseph Kardinal Ratzinger zelebriert die Totenmesse für Johannes Paul II. Das Weiß des Altartisches scheint auf die schmerzhafte Abwesenheit des Toten zu verweisen. Um die Leere zu füllen, bleibt einzig und allein das Wort des lebendigen Gottes.

8. April 2005 | **Vatikan** Die Totenmesse für Johannes Paul II. auf dem Petersplatz gerät zu der wohl größten religiösen Versammlung der jüngeren Geschichte. Schätzungen gehen davon aus, dass sich bis zu fünf Millionen Menschen auf den Weg nach Rom gemacht haben.

8. April 2005 | **Vatikan** Letztes Geleit für einen Jahrtausendpapst. Der Wahlspruch »Totus Tuus«, ganz Dein, so Joseph Ratzinger, habe die »geistliche und mystische Erfahrung eines durch Maria ganz auf Christus ausgerichteten Lebens« ausgedrückt.

8. April 2005 | **Vatikan** Ein Windstoß während der Messe auf dem Petersplatz fährt nicht nur durch die Gewänder der Kardinäle, er schlägt auch die Seiten des Evangeliums um, das auf dem Sarg Johannes Pauls II. liegt, als wolle der Heilige Geist den Menschen ein Zeichen geben.

Bewahrer des Glaubens

KAROL WOJTYLA UND JOSEPH RATZINGER – EIN KONGENIALES TEAM ZUR VERTEIDIGUNG DER KIRCHE CHRISTI

Der Berufung des Erzbischofs von München in das Amt des Präfekten der Glaubenskongregation, des ehemaligen *Sanctum Officium* der römischen Inquisition, geht ein schweres Ringen voraus. Lange Zeit sträubt sich der Kardinal und stellt, wie er sagt, »die Gegengründe dar«. Zunächst wehrt er ab, er könne nach so kurzer Zeit sein Bistum nicht verlassen. Dann weist er auf seinen schwachen Gesundheitszustand hin. Schließlich wendet er ein, er müsse doch weiterhin theologisch publizieren. Der Papst bleibt geduldig. Er genehmigt sogar die Option, Bücher zu schreiben, am Ende aber ist sein Beschluss ein Befehl.

Karol Wojtyla, Professor für Philosophie, ist sein um sieben Jahre jüngerer Kollege ein Begriff, seit sich Ratzinger als Theologe des Konzils einen Namen machte. Bei der Lektüre von Ratzingers 1968 erschienenem Standardwerk *Einführung in das Christentum* glaubt er einen Gefährten im Geiste gefunden zu haben. Beide waren bei den Verhandlungen des II. Vatikanums vermutlich zeitgleich in Rom, besuchten möglicherweise dieselben Sitzungen. Nach dem Tod Pauls VI. am 6. August 1978 nehmen sie am Konklave zur Wahl eines Nachfolgers teil, nunmehr als Amtsbrüder; der eine als Erzbischof von Krakau, der andere als Erzbischof von München. Wenige Wochen später, nach dem Tod des Dreiunddreißig-Tage-Papstes Johannes Paul I., treffen sie erneut zusammen. Aus dem neuen Konklave geht am 16. Oktober 1978 Karol Wojtyla als Papst Johannes Paul II. hervor – auf den Schild gehoben durch das Werben einer Gruppe deutscher und österreichischer Kardinäle, allen voran Franz König aus Wien und Joseph Ratzinger aus München. Und möglicherweise bereits bei der Huldigung der Kardinäle an den neu gewählten Nachfolger Petri am 22. Oktober 1978 mag Wojtyla dem Deutschen ins Ohr geflüstert haben, er müsse sich wohl für neue Aufgaben bereithalten.

Ein Jahr später, bei der triumphalen Rückkehr Karol Wojtylas im Juni 1979 in seine polnische Heimat, ist Joseph Ratzinger Mitglied im päpstlichen Reisetross. Es ist die Pilgerfahrt, aus der die Kraft für den polnischen Widerstand erwächst, der Durchbruch der Gewerkschaftsbewegung Solidarnosc, der in der Folge den gesamten Ostblock erschüttert. Im September 1980 kommt Ratzinger erneut für eine knappe Woche nach Polen, dieses Mal mit einer Delegation des deutschen Episkopats, ein wichtiges Signal an die Widerstandskräfte. Zehn Tage später, bei der Synode in Rom vom 26. September bis 25. Oktober, unterrichtet Ratzinger den Papst persönlich vom Ergebnis der Visite. Wenige Wochen darauf, im Rahmen seines Deutschlandbesuches, ist der Papst am 18. und 19. November 1980 nunmehr Gast des Bischofs von München, und vermutlich ist das gemeinsame Gebet vor der Mariensäule in der bayerischen Landeshauptstadt bereits eine entscheidende Weichenstellung.

Der Papst wohnt im Erzbischöflichen Palais in der Kardinal-Faulhaber-Straße. Die beiden Kirchenführer, so ließe sich die Begegnung rekonstruieren, tauschen sich über die politische Lage in Europa aus, sie skizzieren die Situation der Kirche, beraten ihre Einschätzung des Konzils. Wojtyla will von seinem Kollegen im

AUSGABE 11/07
FASHIONTIME
SOMMERTRENDS ZU TOP-PREISEN!
TOP ANGEBOT
NUR DIESE WOCHE!
Kleid
10.–
Haben Sie vielleicht einen von 222 Fiat Panda gewonnen?
EINLADUNG ZUR VERLOSUNG
am Freitag, 1. Juni 2007, 17.30 Uhr
Ihre Vögele-Filiale informiert Sie, wo die Verlosung stattfindet.
Oder schauen Sie nach auf www.charles-voegele.at
eid mit modischer Detailverarbeitung am Ausschnitt,
uch in Himbeer und Indigoblau erhältlich, pflegeleicht; Gr. . S-XL
Charles
Vögele
Switzerland

Leinen-Viskose –

angenehm und leicht im Sommer

1) **Leinen-Kleid**

in Tunika-Optik mit dekorativer Stickerei am Ausschnitt, Seitenschlitze, Leinen/Viskose; Gr. 36-48

2) **Leinen-Zweiteiler**

Tunika mit Ton in Ton-Stickerei und lässiger Hose, Leinen/Viskose; Gr. 36-48

3) **Tasche**

Shopping-Bag in Lederoptik

24[95]

2) Leinen-Zweiteiler

39[95]

BIAGGINI
1) Leinen-Zweiteiler
49[95]

1) **Leinen-Zweiteiler**

sportive Bluse mit Krempelarm, Gürtel und Druckknöpfen, passender, wadenlanger Rock in Wickeloptik, Leinen/Viskose; Gr. 36-48

2) **Leinen-Kleid**

mit dekorativem Rüschen-Ausschnitt und Stoffgürtel, auch in Weiss erhältlich, Leinen/Viskose; Gr. 36-48

3) **Leinen-Kleiderjacke**

mit 3/4-Arm und Volant-Abschlüssen, auch in Beige erhältlich, Leinen/Viskose; Gr. 38-48

24[95]

3)

2) Leinen-Kleid

34[95]

Kingfield
2)
1) Leinen-Kleid
34 95

Bischofsamt wissen, wie er die Aufgaben des noch jungen Pontifikates sieht. Er macht ihm dabei erneut klar, dass er seine Hilfe in Anspruch nehmen möchte. Und zwar nicht nur als Berater im fernen München, sondern als seine rechte Hand vor Ort in Rom. Für die Aufgabe, die Beschlüsse des Konzils umzusetzen, könne er sich keinen Geeigneteren als ihn vorstellen. Das wichtige Amt des Präfekten müsse modernisiert werden. Es gehe nicht um einen »Polizisten des Vatikans«, wie noch der Vorgänger im Amt, Kardinal Alfredo Ottaviani, das Profil der Glaubenskongregation definiert hatte. Die Stellung der Kirche habe sich völlig verändert. Mit Ratzinger ist er sich darüber einig, dass es heute notwendig sei, den Herausforderungen der Zeit argumentativ, klug, dialogbereit und im kollegialen Stil zu begegnen. Aber der Bischof zögert. Er sei doch gewissermaßen gerade in München angekommen. Als Hirte gleich wieder den Koffer zu packen, entspreche nicht seinem Amtsverständnis.

Ein Jahr später, bei der Tagung des Synodenrates am 10. Oktober 1981, spricht der Papst den Kardinal bei einer persönlichen Audienz erneut auf das Thema an. Noch immer ohne Erfolg. Einen Monat später ist der Bischof von München vom 9. bis 14. November 1981 als Teilnehmer der Sitzung des Einheitssekretariats erneut in Rom. Seit dem Attentat auf dem Petersplatz am 13. Mai desselben Jahres, das Johannes Paul II. wie durch ein Wunder überlebte, hat das Bitten des Papstes eine strengere Note bekommen. Die Situation sei schon viel zu weit fortgeschritten, ein längeres Zögern und Abwarten sei nun nicht mehr möglich. Er könne die Gegenargumente verstehen, darauf aber nicht länger Rücksicht nehmen.

Endlich, Ratzinger beugt sich. So wie er das immer getan hat. Verzicht ist geradezu ein Charakteristikum seiner Biografie. Verzicht bereits auf eine längere Periode seiner Arbeit in der Seelsorge, die ihn wider Erwarten so leidenschaftlich erfüllt hatte. Verzicht auf wissenschaftliche Arbeit als einer der großen Theologen der Moderne. Verzicht auf Heimat. Er kann gerade noch erreichen, wenigstens das Bistum geordnet verlassen zu dürfen. Wojtyla willigt murrend ein. Drei Monate gebe er ihm, mehr nicht. Und schon zehn Tage nach dem Treffen lässt der oberste Hirte der katholischen Kirche am 25. November 1981 verkünden, dass er den Kardinal von München zum Präfekten seiner Römischen Kongregation für die Glaubenslehre berufen habe. Dienstantritt: 1. März 1982.

Ratzinger ist damit immerhin Chef des bedeutendsten Dikasteriums des Vatikans, die Macht des Amtes aber kann ihn offenbar wenig beeindrucken. »Für mich war der Preis der«, gibt er nahezu zerknirscht zu Protokoll, »dass ich nicht ganz das tun konnte, was ich mir vorgestellt hatte, nämlich im großen geistigen Gespräch unserer Zeit wesentlich mitzudenken und mitzureden, ein eigenes Opus zu entwickeln. Ich musste eben in das Kleine und Vielfältige der faktischen Konflikte und Ereignisse heruntersteigen.« Bei diesem Heruntersteigen allerdings geht es um nichts Geringeres als um die Ausrichtung des gesamten Pontifikates, möglicherweise sogar – wenn diese Kategorie auf Kirche überhaupt anwendbar ist – um den Erfolg oder Misserfolg der Mission Karol Wojtylas.

Die Auswirkungen des Konzils haben in den vorausgegangenen Jahren für ein Klima des Aufbruchs, aber auch der Verunsicherung gesorgt. Das Lager der kritischen Kräfte, die im Rahmen der Liberalisierung der Gesellschaft weitgehende Reformen einfordern, wächst zu einer Bedrohung heran, die die Grundlagen der Kirche infrage stellt. Hunderte von Professoren treten in Deutschland mit Protestresolutionen offen in Opposition zu Rom. Massenaustritte als Vorläufer von Kirchenvolksbegehren erschüttern die Autorität der Bischofskonferenzen. Eingeklagt wird nicht nur die Abschaffung des Zölibats, die Ordination von Frauen für den Priesterdienst und eine weitere Umgestaltung der Liturgie. Der Richtungsstreit, der über diesen Fragen entbrennt, wächst sich zunehmend zu einer Zerreißprobe aus. Im Raum steht die Auflösung bislang unverbrüchlicher Dogmen, in gewisser Weise auch das Ende des Papsttums in seiner überlieferten Form. Eine innere Spaltung der Glaubensgemeinschaft ist offensichtlich kaum mehr zu verhindern. Im Gewand einer schleichenden Vergiftung verbreitet sie Unbehagen und Misstrauen gegenüber der römischen Führung und führt zu einer bis dahin nicht gekannten Zersetzung bisheriger Grundlagen. In der Verteidigung der Fundamente des katholischen Glaubens, so wie der Papst sie vertritt, bedarf es eines ausgezeichneten theologischen Fachmannes in der Glaubenskongregation. »Eine solche Wahl«, so der Münchener Philosoph Robert Spaemann, »war notwendig wegen der wachsenden Vielschichtigkeit der modernen Theologie, in der eine durchschnittliche Intelligenz die Reichweite der möglichen Schlussfolgerungen nicht mehr richtig einzuschätzen vermag.« Johannes Paul II. ist sich darüber klar, dass die Berufung des scharfsichtigen Bischofs aus München vermutlich die wichtigste Entscheidung seiner ganzen Amtszeit sein würde. Eines Theologen, der Kollege der meisten modernen Theologen war und den der progressive Paul VI. zum Kardinal ernannt hatte. Nur mit einem Mann dieses Formats an seiner Seite könnte er den Angriffen auf die Tradition eine Abwehr entgegenstellen, die argumentativ standhalten kann.

Ein verschnörkelter Nussbaumschreibtisch aus dem Familienerbe, ein Klavier, seine alten Bücherregale und zweitausend Bücher sind alles, was Ratzinger mit über die Alpen nimmt. Sein Haus in Pentling behält er, er hat nicht vor, in Rom zu sterben. Ratzinger kennt die Ewige Stadt. Seit den Zeiten des Konzils sind ihm die verwinkelten Wege der vatikanischen Behörden und das Klima der italienischen Kapitale eng vertraut. Schwester Maria, die nun wieder seinen Haushalt führt, hatte vorab fleißig Vokabeln gelernt und mit ihrem Bruder ein Italienisch-Konversationstraining begonnen.

Anfangs nimmt er ein Ausweichquartier, weil er den Mieter der ihm zustehenden Wohnung nicht vertreiben will. Sein neues Zuhause unweit des Petersplatzes ist dreihundert Quadratmeter groß, hat zwei Arbeitszimmer, eine Einliegerwohnung und verfügt, wie bei allen Kardinälen, über eine eigene Kapelle. Statt der zehntausend Mark Gehalt, die er als Erzbischof von München bezog, beläuft sich sein Salär nun auf bescheidene viertausenddreihundert Mark, wovon Wohnung und Haushalt zu bezahlen sind. Prunkgewänder gibt es keine, auch keine Equipage, wie sie frühere Kirchenfürsten hatten, und seine neue Wirkungsstätte im Palazzo an der Piazza Santo Uffizio Nr. 11 bezeichnet er als »ungemütlichen Platz«.

Jeden Morgen sieht man den Präfekten nun zu einer bestimmten Zeit über den Petersplatz gehen, auf dem Kopf die altbekannte Baskenmütze, in der Hand die abgewetzte schwarze Aktentasche. Erst nachdem Aktivisten der Schwulenbewegung ihn hier einmal abfangen, ändert er dieses Ritual. Donnerstags hält er Messe auf dem Campo Santo Teutonico für deutsche Priester und Seminaristen, freitags trifft er sich mit dem Pontifex. Man spricht deutsch miteinander, und manche munkeln, der Papst habe gar ein wenig Angst vor seinem wichtigsten Mitarbeiter. Wenn es um problematische Entscheidungen gehe, lege er meist die Stirn in Falten: »Was wird wohl Kardinal Ratzinger dazu sagen?«

Ratzinger hat den Polen als liebenswürdigen und entgegenkommenden Menschen kennengelernt. Seitdem lobt er dessen »tiefe innere Verbundenheit mit Gott, philosophische Erziehung und Genauigkeit im Denken«. Mit dem Papst, so der Kardinal später, habe ihn dessen »unkomplizierte menschliche Direktheit und Offenheit und die Herzlichkeit« verbunden, die von ihm ausgegangen seien. All sein »geistiger Reichtum, die Freude am Gespräch und am Austausch« hätten ihm Wojtyla »sofort sympathisch« werden lassen: »Man spürte, das ist ein Mensch, der keine Pose hat, der wirklich ein Mann Gottes ist – und obendrein ein ganz origineller Mensch.«

Karol Wojtyla ist ein von Kraft strotzender Mann, stämmig, mit gütigen Augen. Er kann drei Stufen auf einmal nehmen, und während sein Vorgänger Paul VI. zu den Bischöfen sagte: »Helft mir, mein Amt auszuüben«, kündigt Johannes Paul II. an: »Ich komme, um euch bei eurem Hirtenamt zu helfen.«

Seinen Stab aus hundertvierzig Mitarbeitern dirigiert er buchstäblich aus dem Laufschritt heraus. Und wenn er mittags Polpettone, falscher Hase, isst, tut er dies, damit nicht unnötiges Kauen das Besprechen der Tagesordnungspunkte behindert. Vielen imponierte sein Witz, seine Poesie, die männliche Frömmigkeit. Es gibt allerdings auch genügend Kritiker, die den Pontifex zum Teufel wünschen. Andersgläubige, Modernisten, die neuen Gegenpäpste in den Medien. Vielleicht sogar Beamte im Vatikan, die sich weder mit dem Arbeitstempo des Kirchenoberhauptes noch mit seiner marianisch geprägten Haltung abfinden wollen.

Wojtyla und Ratzinger sind schwer vergleichbar, weder im Herkommen noch im Wesen. Während der eine als Kind seine Mutter verlor, als Jugendlicher den Vater und den einzigen Bruder, wuchs der andere in einem behüteten Elternhaus auf. Im Krieg standen sie auf entgegengesetzten Seiten. Und als der Pole sich als Ethiker und Philosoph profilierte, entwickelte sich der Deutsche zu einem Theologen von Weltrang. Der eine emotional, kräftig, männlich, ein empfindsamer, leidenschaftlicher Charakter, der schon mal zu Übertretungen bereit ist. Der andere der brillante Kopf, logisch und streng, Verwalter der Kirchendoktrin bis in die feinsten Verästelungen hinein, grundsolide, grundverlässlich, jemand, der seine eigenen Ambitionen zugunsten seiner Aufgabe zurückgestellt hat. Was sie verbindet, das ist der Gleichklang des Bewusstseins von einer Kirche, wie Jesus Christus sie verstanden hat.

Im Gegensatz zu vielen seiner Mitbrüder, die in ein kirchliches Funktionärsestablishment abgedriftet waren, brennt Wojtyla wie Feuer. Er will Haltung zeigen, er will Schuld abtragen, es schaudert ihn vor den Abgründen all jener, die sich Christen nennen und die Botschaft Jesu sehenden Auges verraten. Er kann gar nicht fertig werden damit, um Vergebung zu bitten für die Fehler und Vergehen seiner Kirche. Ganz im Vertrauen darauf, dass in der Demut die neue Kraft liegt für ein besseres Verhältnis zwischen unterschiedlichen Glaubensgemeinschaften und Religionen. Aber er wird bei aller Ohnmacht nicht ohnmächtig. Wichtige Grundsätze des katholischen Glaubens werden nicht in falsch verstandener Selbstanklage gleich mit verworfen, sondern, gewissermaßen durch Reue gereinigt, aus dem Dunkel wieder an das Licht des Tages geholt. Als die wichtigste Mission seines Pontifikates sieht er nach eigenem Bekunden die korrekte Umsetzung des Konzils. Das ist der entscheidende Punkt, weshalb er sich für den Mann aus Bayern entschieden hat. Beide verteidigen die Gültigkeit der damaligen Beschlüsse, beide vereint aber auch die Abneigung gegen jene, die aus dem Vatikanum ein modernistisches Ereignis gemacht haben. Wortgleich mit Ratzinger empfindet er, das Konzil sei »falsch interpretiert« und auch »falsch angewendet« worden.

Ratzinger ist völlig klar, welch riesige Aufgabe er vor sich hat. Da ist die Bequemlichkeit der Episkopate; der Mangel an Bereitschaft zur Neuevangelisation. Hinzu kommt die notorisch gewordene Gegnerschaft liberaler Medien und die Opposition in den eigenen Reihen, die für sich in Anspruch nimmt, die ganze katholische Welt zu repräsentieren. Überrascht davon ist er nicht. Was die Kirche in der Epoche vor der Jahrtausendwende zu erwarten habe, hatte er bereits in seiner Arbeit *Glaube und Zukunft* aus dem Jahr 1971 vorausgedeutet. Seine Vision trug ihm seinerzeit den Vorwurf des Missmutes ein. Einige sprachen von apokalyptischen Visionen, geboren aus den persönlichen Problemen ihres Absenders. Heute lohnt es sich, den Wortlaut dieser Prophetie ausführlich zu zitieren, weil darin der programmatische Entwurf vorweggenommen wird, den Papst Benedikt XVI. inzwischen zur Geschäftsgrundlage seines Pontifikates macht: »Aus der Krise von heute wird auch dieses Mal eine Kirche von morgen hervorgehen, die viel verloren hat. Sie wird klein werden, weithin ganz von vorne anfangen müssen. Sie wird viele der Bauten nicht mehr füllen können, die in der Hochkonjunktur geschaffen wurden. Sie wird mit der Zahl der Anhänger viele ihrer Privilegien in der Gesellschaft verlieren … Es wird eine verinnerlichte Kirche sein, die nicht auf ihr politisches Mandat pocht und mit der Linken so wenig flirtet wie mit der Rechten. Sie wird es mühsam haben. Denn der Vorgang der Kristallisation und der Klärung wird sie auch manche guten Kräfte kosten. Er wird sie arm machen, zu einer Kirche der Kleinen sie werden lassen.«

Aus einem endzeitlichen Bewusstsein heraus, dem Sinn für die Sprache der Apokalypse, wie sie den frühen Christen eigen ist, mag der Theologe einzelne Dinge gelegentlich überzeichnen, Ratzinger wäre indes nicht Ratzinger, würde er es bei einer negativen Prognose bewenden lassen. »Bei all diesen Veränderungen«, so fährt er fort, »die man vermuten kann, wird die Kirche ihr Wesentliches von Neuem und mit aller Entschiedenheit in dem finden, was immer ihre Mitte war: Im Glauben an den dreieinigen Gott, an Jesus Christus, den menschgewordenen Sohn Gottes, an den Beistand des Geistes, der bis zum Ende reicht. Sie wird in Glaube und Gebet wieder ihre eigentliche Mitte erkennen und die Sakramente wieder als Gottesdienst, nicht als Problem liturgischer Gestaltung erfahren.«

Seine Herkunft mag den Kardinal sensibilisiert haben für Brüche, oder, wie er es nennt, den »Aufstand gegen Gott«, der eine Nation seiner Beobachtung nach stets in die Verwüstung führt. Im Land seiner Ahnen wurde durch die Reformation eine große Wunde in die Christenheit gerissen, ein klaffender Spalt, der sich im Laufe der Jahrhunderte über den gesamten Erdball zog. Und in Deutschland haben die großen totalitären und atheistischen Strömungen des zwanzigsten Jahrhunderts tiefe Spuren hinterlassen: der Versuch der faschistischen Welteroberung, dieser missglückte Aufstand gegen Gott, sowie die Herrschaft des Kommunismus in der DDR, die mit dem Versuch gescheitert ist, das Paradies auf Erden zu errichten. Unermüdlich verweist Ratzinger darauf, es gehe heute um den revolutionären Akt, diese größte Glaubensgemeinschaft der Welt zu einem Werk der geistlichen und leiblichen Nächstenliebe zu machen, so wie Jesus es aufgetragen hat: lehren, helfen, heilen. Dreh- und Angelpunkt hierfür: die Heiligkeit der Eucharistie. Und nur durch eine entschiedene Ethik auf der Basis biblischer Wahrheit könne Kirche auch wieder zu einem wirklichen Ratgeber und Partner in den schwierigen Fragen moderner Zivilisation werden. Als demokratische Glaubens- und Wertegemeinschaft, die sich gewaltfrei den Verfallserscheinungen einer dekadenten Gesellschaft entgegenstellt. Ratzinger und Wojtyla zeigen sich dabei als intelligente Reformatoren, so der spanische Autor Juan Arias, »die sich ihrerseits völlig zu Recht als fortschrittliche und konziliare Persönlichkeiten fühlen«. Noch dazu seien »beide hochgebildet, von unleugbarer Sensibilität, jung, polemisch, und haben Lust, eine echte Reform in der Kirche einzuleiten«.

Der Auftrag der Kongregation für die Glaubenslehre ist es laut Definition, »die gesunde Lehre voranzutreiben … die Irrtümer zu korrigieren und die Irrenden auf den rechten Weg zurückzuführen«. Vor dem neuen Einfluss in diesem Superministerium des Vatikans habe er sich anfangs »eher etwas gefürchtet«, bekennt der Präfekt, »weil man leicht, wenn man das Eigene hervorziehen würde, auch zu viel Eigenes in das Amt hineinbringen kann«. Ratzinger hat aus den Fehlern in München die Konsequenzen gezogen. Er will bei seiner neuen Aufgabe das Hauptaugenmerk zunächst auf die Betonung eines »kollegialen Arbeitstyps« richten. Auf seiner Agenda steht »der Dialog mit der Theologie und mit den Theologen«. Wobei Theologen wie Hans Küng und Eugen Drewermann (und Hunderte andere, die offen oder versteckt mit ihnen sympathisieren) sich objektiv betrachtet längst von den bislang geltenden Grundaussagen des katholischen Glaubens entfernt haben. Sie leugnen entweder die Gottessohnschaft Christi, die Auferstehung oder den Primat des Papstes. Der Fall Küng ist zwar bereits vor dem Amtsantritt des Kardinals abgeschlossen – wobei Ratzinger immerhin festhält, Küngs Theologie lande »im Abstrusen«, sie sei zur »Unverbindlichkeit verurteilt« und biete keine Gründe, in die Kirche »hineinzugehen, eher das Gegenteil«. Und der Fall Drewermann wird erst gar nicht in Rom, sondern auf Diözesanebene verhandelt. Von verheerender Wirkung aber zeigt sich gleich zu Beginn der Ära Ratzinger das Vorgehen gegen den Befreiungstheologen Leonardo Boff. Der Franziskaner hatte verkündet, die Kirche sei »als Institution nicht im Denken des historischen Jesus enthalten« gewesen. Eine Provokation, die nicht ohne Antwort bleiben kann. Der belgische Kurienkardinal Jean Hamer, als Präfekt der Ordenskongregation direkt zuständig, drängt darauf, dem Brasilianer eine Schweigezeit zu gebieten. Ratzinger sperrt sich. Der Kern der Auseinandersetzung, argumentiert er, sei in diesem Fall nicht wie bei anderen Befreiungstheologen der Marxismus, sondern Fragen von Kirchenmodellen, Offenbarung und Dogma. Er tritt mit Gustavo Gutiérrez, dem Begründer der Befreiungstheologie, in einen Dialog über die Politisierung des Glaubens ein, schließlich stimmt er Hamer jedoch zu. Ein Jahr lang, so wird Boff 1983 auferlegt, solle er seine Thesen noch einmal überdenken und in dieser Zeit keine eigenen Werke publizieren, was in den Medien als »Bußschweigen« für Aufregung sorgt.

Kurze Zeit später veröffentlicht Ratzinger die *Instruktion über die christliche Freiheit und die Befreiung,* worin die Basisgemeinschaften in Südamerika als »Grund großer Hoffnung« bezeichnet werden. Er will deutlich machen: Die Kirche ist aufseiten der Armen. Auch wenn seine Kritiker Ratzingers scharfen Intellekt, seine klaren Analysen, seine geschliffene Sprache und seinen weiten theologischen Horizont würdigen – der Akt gegen den Franziskaner ist nicht mehr aufzuwiegen. Boff ist der Wendepunkt. Von da an ist das Klima belastet, der Ruf ruiniert.

Im Oktober 1986 folgt eine erste grundsätzliche Stellungnahme zur Homosexualität. In einem Brief an Bischöfe über die »Seelsorge für homosexuelle Personen« heißt es, deren Neigung sei zwar »in sich nicht sündhaft«, der »Gebrauch der Geschlechtskraft« sei allerdings »einzig und allein in der Ehe gut«. Von nun an wird jeder Erlass, jede Mahnung aus Rom mit dem einen Namen verbunden: Ratzinger. Man wirft ihm eng führende Erlasse und einen zunehmenden Zentralismus vor, auch wenn Ratzinger umgekehrt sich beklagt, die Ortsbischöfe würden viel zu wenig selbst entscheiden und schon in belanglosen Angelegenheiten die römische Behörde einschalten. Mag der Präfekt auch maßgebliche Fortschritte erzielen, etwa in der Aussöhnung mit dem Judentum, für die er die theologischen Grundlagen liefert; mag er auch im Auftrag des Papstes die Vergebungsbitten für die Schuld der katholischen Kirche persönlich vortragen; mag auch unter seiner Leitung der neue Katechismus der Weltkirche entstehen, den Johannes Paul II. als eines der herausragenden Ereignisse der Kirchengeschichte würdigt – es wird nicht mehr gesehen. Der ganze Kanon der Kritik – Zölibat, Frauenordination, Abtreibung, Papstdogma, Homosexualität –, jedes Thema gerät nun zum persönlichen Angriff gegen den Glaubenshüter.

Der Konflikt um die Schwangerenberatung, bei der katholische Beratungsstellen auch Bescheinigungen ausstellen, die eine Abtreibung ermöglichen, ist ein neuer Stein des Anstoßes. Nicht besser wird Ratzingers Image, als Anfang Juli 1998 Johannes Paul II. ein

»Motu proprio« (»aus eigenem Antrieb«) veröffentlichen lässt, »um den Glauben zu schützen«. Das päpstliche Schreiben verlangt von allen, die im Auftrag der katholischen Kirche ein geistliches Amt führen sowie Theologie erforschen und lehren, einen Treueid. Und es kommt die Erklärung »Dominus Iesus«, von Ratzinger unterzeichnet, von Johannes Paul II. ausdrücklich gebilligt, ein Dokument über die Einzigartigkeit der Menschwerdung Gottes in Jesus Christus und die besondere Stellung der katholischen Kirche, das zu einem neuen Aufruhr führt. Wobei sich der Präfekt hinterher selbstkritisch äußert, man habe es wohl doch etwas an der Vermittlung fehlen lassen. Wie auch immer, der frühere Professor ist zum Sündenbock geworden. Ähnlich jenem alttestamentarischen Symboltier, auf das die frühen Israeliten einmal im Jahr all ihre Verfehlungen luden, um sie damit in die Wüste zu jagen. »Ratte«, »Nazi«, »Teufel« heißt es bei einer Rede Ratzingers in New York, die von Homosexuellen gestört wird. »Stoppt die Inquisition«, skandieren die Demonstranten und: »Er ist kein Mann Gottes.«

Dem Präfekten werden im Grunde keine ehrbaren Gründe unterstellt. Schon von dem Bild her, das er in den Medien abgibt: Die blasse Gestalt, blutleer. Die Distanziertheit, die man als Kälte interpretieren kann. Das durchgeistigte Wesen, das verdächtig erscheint. Dazu das unpopuläre Amt im Dienste einer diskreditierten Macht, deren »Senilhierarchie« (Drewermann) vornehmlich auf Unterdrückung ausgerichtet sei, insbesondere von Frauen und Minderheiten. Niemand überprüft dieses Bild. Niemand fragt nach, ob dieser Mann möglicherweise nicht auch einmal recht haben könnte. Andererseits ist Ratzinger auch schwierig. Oftmals fehlt es ihm am richtigen Ton. Er hat etwas Zwingendes in seiner Argumentation. Im Kampf gegen die Feinde der Kirche operiert er oft mit einer Jetzt-erst-recht-Haltung, die der Auseinandersetzung eine unnötige Schärfe gibt.

Ratzinger macht kein Hehl daraus, dass er mit vielen der neuen Bestrebungen wenig anfangen kann. Da sei seit 1968 nicht mehr die Kirche als *Communio,* als Glaubens- und Schicksalsgemeinschaft, sondern eine, die zum *Consilium* wird, zu einer Art »Räte-Kirche«, in der sich Laien aufschwängen, das durch Sakrament geheiligte Priestertum zu egalisieren. »Von meinem so ungemütlichen Platz aus«, so hält der Kardinal entgegen, »habe ich begriffen, dass eine bestimmte ›Protesthaltung‹ mancher Theologen von der typischen Mentalität des reichen Bürgertums des Westens geprägt ist.« Der Präfekt ist nun pausenlos damit beschäftigt, Argumentationshilfen zu liefern. Und tatsächlich gibt er seinen Bischöfen auch die Sicherheit, die Moderne ausleuchten zu können, die Zeit zu verstehen, sie zu packen, mit der eigenen Wahrheit stärker zu sein als alle Anfechtungen. »Ich fürchte, man vergisst, dass das Ziel der Kirche die Verwirklichung der Nächstenliebe in der Welt ist«, so heißt es in seiner selbstkritischen Bestandsaufnahme, »während wir uns der Selbstbeschäftigung mit unseren Strukturen hingeben.« Ein Teil der Presse aber hat sich längst auf den Mann aus Bayern eingeschossen. Aus der Einheit der beiden Hauptfiguren an der Spitze der Kirche bauen Journalisten ein für seine Kritiker idealtypisches Gegensatzpaar nach der Dramaturgie von Mantel- und Degenfilmen: Hier der Papst als Star, konservativ, aber mit einem gewissen Charisma, dort der schreckliche Scharfmacher: »Panzerkardinal« Ratzinger, die verfolgende Unschuld, der hässliche Deutsche. Und wann immer es darum geht, einen Text über den Präfekten zu illustrieren, werden mit Sicherheit Fotos von einer mürrisch dreinblickenden Eminenz ausgewählt. Nicht ohne Grund bemängelt der Münchener Autor Herbert Riehl-Heyse einen pawlowschen Reflex bei vielen seiner Kollegen. Man müsse nur den Namen Ratzinger erwähnen, und jeder schüttele vor Entrüstung den Kopf.

Menschen in seiner Umgebung erleben ihn anders. Ratzinger besitze »eine sympathische Einfachheit«, berichtet der Kommandant der Schweizergarde, »wobei er sich nicht zu schade ist, auch als ganz normaler Priester für alle zur Verfügung zu stehen«. »Er ist unser großer Lehrmeister«, so Pater Hermann Geißler, Mitarbeiter der Glaubenskongregation, »aber er war wirklich auch ein Freund.« Im Amt habe der Präfekt während der Pause um elf Uhr oft Kuchen mitgebracht oder andere Köstlichkeiten aus Bayern. Der Kardinal sei »ein ungeheuer begabter Mann«, der jedoch »nie sich selbst in den Vordergrund« stelle.

In der römischen Kurie gibt es tatsächlich niemanden, der die öffentliche Diskussion stärker sucht als der Deutsche, vornehmlich mit Denkern atheistischer Prägung. Entgegen dem Bild, er würde sich in den Kellern seiner schrecklichen Inquisitionsbehörde einmauern, betreibt er eine moderne Medienpolitik, nutzt überraschende Darstellungsformen wie Interviewbücher, stellt sich auf

Pressekonferenzen, wie ein Korrespondent verdutzt feststellt, »dem Gewitter von Fragen – manche davon sehr boshaft. Und er gestattete sogar, dass in der Sakristei einer Pfarrei, wo er soeben die Messe gefeiert hatte, ein junger Mann mit dem Mikrofon in der Hand zu ihm kam, während er sich umzog, um ihn ohne Umstände zu fragen: ›Sie haben in ihrer Predigt viel von der Liebe gesprochen. Aber wie ist diese Liebe mit der kirchlichen Inquisition zu vereinbaren?‹«

Bei der Kritik am eigenen Haus bleibt sich Ratzinger treu. Nach wie vor, berichtet die Tageszeitung *La Repubblica* im September 1990 über eine Veranstaltung in Rimini, würde der in Italien »wie ein Star gefeierte« Geistliche seine schon vertrauten »Provokationen« fortsetzen. Forderungen nach der Reform des Katholizismus, vor allem der Hierarchie, seien seine herausragenden Punkte. »Warum missfällt auch vielen Gläubigen die Kirche?«, so frage Ratzinger. Den einen sei sie zu sehr der Welt angepasst, den anderen versperre sie den Weg ins Weltliche durch zu viele Verbote, mutmaßt er. Die »wahre Reform«, so der Kardinal, müsse nicht zu einer »Kirche der Betriebsamkeit« führen, nicht also zu einer »menschlicheren, sondern zu einer göttlicheren Kirche«, zu einer Rückkehr zu den Anfängen, dem Ursprung des Mysteriums. In einem Interview mit dem Publizisten Vittorio Messori weist der Kardinal gleichzeitig Versuche zurück, mit einer »Restauration« die Ergebnisse des vergangenen Konzils revidieren zu wollen: »Wenn mit ›Restauration‹ ein Zurückgehen gemeint ist, dann ist keinerlei Restauration möglich. Die Kirche schreitet vorwärts auf die Vollendung der Geschichte zu«. Das Ziel: ein »neu gefundenes Gleichgewicht der Orientierungen und der Werte innerhalb des katholischen Ganzen«.

Als der Kurienkardinal 1996 sein Dialogbuch *Salz der Erde* über die Situation von Christentum und katholischer Kirche an der Jahrtausendwende veröffentlicht, staunen auch deutsche Medien. »So offen und auskunftsfreudig hat sich noch kein hohes Mitglied der Kurie gezeigt«, vermeldet der *Spiegel*. »Keine Spur von Kleinmut«, notiert die *Süddeutsche Zeitung*, »dieser Mann liest seiner Kirche die Leviten, wie sie ihr seit Martin Luther nicht mehr gelesen worden sind.« – »Jeder habe sehen können«, analysiert die *Zeit*, dass Ratzingers »Konservativität nicht das Paktieren mit den herrschenden Verhältnissen bedeutet, sondern viel eher Nonkonformismus in einer fortschrittsgläubigen Gegenwart«. Und das österreichische Nachrichtenmagazin *profil* fragt verblüfft: »Ist der konservative Glaubenshüter Joseph Ratzinger am Ende doch ein Progressiver?«

Ratzinger ist in Sorge. Ein neues Heidentum sei dabei, den öffentlichen Raum zu erobern. Es habe die Herrschaft über das Denken, das Handeln, die Wertvorstellungen des modernen Menschen übernommen. Ersatzreligionen wie Wellness, Angebote aus einem religiösen Mix, je nach individueller Bedarfslage, verdrängten die biblische Botschaft. Der Präfekt sieht neben der krisenhaften Situation der Kirche auch eine Fragmentierung der Gesellschaft, eine tiefe innere Zerklüftung des einzelnen Menschen. Der Verlust an Identität, an Orientierung, an Wahrheit führe letztlich auch zu einer brutalen Vereinzelung. Der Glaubenshüter kritisiert die Spießigkeit des modernen Menschen, der seine Existenz auf ein Berufsleben und einen Rest an Freizeitbeschäftigung reduziert, ohne jemals zu wagen, hinauszusteigen in die Weiten des Universums, den Mut zu haben, letzte Fragen zu stellen. Man müsse sich das Christentum nur einmal aus Europa und aus der Welt wegdenken, rät er, um die Errungenschaften der Religion zu erkennen, gerade auch auf zivilisatorischem Gebiet. Es gebe stets einen Zusammenhang zwischen dem Verfall der Werte und der Situation des Glaubens. Dass Christen im Verlaufe ihrer Geschichte sich in Schuld verfingen, sei das eine, wo aber Glaube authentisch gelebt wurde, habe sich indes stets eine Geschichte des Heils entwickelt. Christentum setze unverrückbare Maßstäbe über den Zeitgeist hinaus. Gegen Krieg, gegen Fremdenfeindlichkeit, gegen die Verführung des reinen Erfolgs- und Besitzdenkens. Das paulinische »Nolite conformari« – »Gleicht euch nicht dieser Welt an« – verpflichte die Christen zum Nonkonformismus. Eine wahre Reform sei daher, wieder zu einer Kirche der Heiligen zu werden. Und einer »Kirche von oben« oder einer »Kirche von unten« hält Ratzinger nichts anderes als eine »Kirche von innen« entgegen.

»Das Gefühl, ein Mächtiger zu sein«, sagt Ratzinger, habe ihn »kaum je beschlichen«. Allerdings räumt er Anfang der Neunzigerjahre ein, »dass ich in einer persönlichen Polemik auch einmal zu barsch reagiere«. Er würde »vieles jetzt anders machen, weil man in einem anderen Lebensalter einiges aus einer neuen Perspektive heraus sieht«. Der Kardinal zieht im Gegensatz zu vielen seiner Gegner nie über andere Personen her, aber er kann schon einmal

19. April 2005 | **Vatikan** Ein Bild, das Geschichte macht: Joseph Ratzinger, der soeben zum Papst gewählt worden ist und den Namen Benedikt XVI. annimmt: »Gott genügt es nicht, dass sein Volk ihn mit den Lippen ehrt – er will unser Herz.«

18. April 2005 | **Vatikan** Erwartungsvolle Gläubige haben sich auf dem harten Pflaster des Petersplatzes niedergelassen, um auf keinen Fall den Moment zu verpassen, in dem die Wahl des neuen Papstes bekannt gegeben wird. Doch erst am nächsten Tag wird es so weit sein.

19. April 2005 | **Enugu** Habemus papam! Nigerianische Nonnen jubeln vor dem Fernsehschirm, als die Wahl Joseph Ratzingers zum Papst verkündet wird. In Enugu besuchte Francis Arinze, der ebenfalls als Kandidat auf das Amt des Pontifex gehandelt wurde, das Priesterseminar.

19. April 2005 | **Vatikan** Über dem Dach der Sixtinischen Kapelle steigt weißer Rauch auf – das traditionelle Zeichen, dass das Kollegium der Kardinäle einen neuen Papst gewählt hat.

19. April 2005 | **Vatikan** Beim Anblick des weißen Rauchs bricht Jubel aus auf dem Petersplatz. Studenten eines Priesterseminars feiern ausgelassen die gute Nachricht.

13. April 2005 | **Rom** Sechsundzwanzig Jahre lang ließ Johannes Paul II. in der römischen Schneiderei Ditta A. Gammarelli arbeiten. Nun werden hier die Kleider für seinen noch unbekannten Nachfolger genäht, die im Ankleideraum neben der Sixtinischen Kapelle bereitgestellt werden.

April 2005 | **Vatikan** Da vor der Wahl schwer zu ahnen ist, welche körperliche Statur der neue Papst haben wird, sind Gewänder in drei unterschiedlichen Größen angefertigt worden. Dasselbe gilt für die dazugehörigen roten Schuhe des neuen Pontifex.

18. April 2005 | **Vatikan** Die Kardinäle haben sich im Petersdom zur Messe »pro eligendo summo pontifice« (zur Wahl des Pontifex) versammelt. In der Messe, die von Joseph Kardinal Ratzinger zelebriert wird, bitten die Kardinäle um Gottes Beistand beim Konklave.

18. April 2005 | **Vatikan** Die Kardinäle versammeln sich in der Sixtinischen Kapelle zum Konklave. In wenigen Minuten werden sich die Türen des Saales schließen und die Öffentlichkeit von den geheimen Beratungen ausschließen.

19. April 2005 | **Vatikan** Ein Bild des Übergangs: Als der neu gewählte Papst Benedikt XVI. sich der Öffentlichkeit zeigt, weht vom Balkon noch die Fahne mit dem Wappen seines Vorgängers Johannes Paul II.

19. April 2005 | **Vatikan** Benedikt XVI. blickt auf die Menschenmenge, die sich im Herzen Roms versammelt hat, um ihn zu begrüßen. Als Oberhaupt der katholischen Kirche ist er zugleich Bischof von Rom. Einer seiner Titel lautet: »Diener der Diener Gottes«.

20. April 2005 | **Rom** Die Schlagzeile der italienischen Zeitung *Corriere della Sera* am Tag nach der Entscheidung. In Italien wird die Wahl des Deutschen, der zunehmend als bedeutender Intellektueller und moralische Instanz geehrt wurde, mit großer Zustimmung aufgenommen.

22. März 2006 | **Vatikan** Zur Generalaudienz des Papstes auf dem Petersplatz finden sich immer mehr auch deutsche Pilger ein: Im Hintergrund weht eine schwarz-rot-goldene Fahne. Der Besucherandrang ist nun doppelt so groß wie bei seinem Vorgänger.

15. Oktober 2005 | **Vatikan** Geheimnis des Glaubens: Benedikt XVI. hält während des Festes für die Jugend eine kostbare Monstranz hoch: »Die Eucharistie zu empfangen bedeutet, den anzubeten, den wir empfangen. Genau so und nur so werden wir eins mit Ihm.«

18. April 2005
Vatikan Während der Messe zum Auftakt des Konklaves warnt Ratzinger in einer aufsehenerregenden Predigt vor einer »Diktatur des Relativismus, die nichts als endgültig anerkennt und als letzten Maßstab nur das eigene Ich und seine Wünsche gelten lässt«.

24. April 2005 | **Vatikan** Benedikt XVI. zelebriert die Messe anlässlich seiner Amtseinsetzung vor Würdenträgern aus aller Welt sowie etwa einer halben Million Pilgern. »Es gibt nichts Schöneres«, sagt er in seiner Predigt, »als vom Evangelium, von Christus gefunden zu werden.«

27. Mai 2005 | **Rom** Mit einem Kruzifix in Händen führt Benedikt XVI. die Fronleichnamsprozession zur Basilika Santa Maria Maggiore an. »Die Kirche darf sich nicht mit dem Zeitgeist liieren«, so seine Linie als Glaubenshüter, die er nun als Papst fortsetzt.

20. April 2005
Vatikan Nach der offiziellen Inbesitznahme der päpstlichen Privaträume im Vatikan unterzeichnet Benedikt XVI. ein Dokument mit seinem neuen Namen. Der eigentliche Umzug des Papstes wird allerdings erst später stattfinden.

20. September 2005 | **Castel Gandolfo** Das Leben des Glaubens ist auch ein Leben des Wortes. In seinem Arbeitszimmer in der päpstlichen Sommerresidenz in Castel Gandolfo bearbeitet Papst Benedikt XVI. ein Schriftstück.

21. Dezember 2005 | **Vatikan** Der Papst trägt einen Camauro, wie er auch in anderen Dingen auf vergessene Formen der Kirche zurückgreift. Die pelzgefütterte Mütze wird seit dem siebzehnten Jahrhundert von Päpsten getragen, zuletzt hatte sie allerdings Johannes XXIII. benutzt.

31. Mai 2005 | **Vatikan** Papst Benedikt XVI. betet in der Lourdes-Grotte in den Vatikanischen Gärten. Sie ist eine Nachbildung der Grotte im Marienwallfahrtsort Lourdes. Rechts oben eine Statue der Muttergottes, die er als »reinen Widerschein des Lichts Christi« bezeichnet.

19. August 2005 | **Köln** Im Kreise junger Pilger aus vielen Nationen, die am Weltjugendtag teilnehmen, fährt Benedikt XVI. mit einem Schiff den Rhein entlang. Herzlich begrüßt er dabei auch jene, »die Christus noch nicht kennen oder in der Kirche nicht zu Hause sind«.

19. August 2005 | **Köln** Ein seltener Moment der Muße – in Gedanken versunken blickt der Papst auf die Silhouette des Kölner Doms: »Ich glaube, diese Zivilisation … kann nur gebändigt und in ihrer Größe geführt werden, wenn sie die eigenen Kraftquellen wieder entdeckt.«

13. November 2005 | **Vatikan** Benedikt XVI. begrüßt Abgesandte des Volks der Tuareg bei der Seligsprechungszeremonie für Charles de Foucauld. Der französische Mönch lebte bei den Tuareg im heutigen Algerien und setzte sich für die Verständigung zwischen Muslimen und Christen ein.

8. Juni 2005 | **Vatikan** Ein orthodoxer Priester küsst dem Papst die Hand. Der Dialog mit den orthodoxen Kirchen ist ein zentrales Anliegen Benedikts: »Katholizität bedeutet Universalität – Vielfalt, die zur Einheit wird; Einheit, die dennoch Vielfalt bleibt.«

14. April 2006 | **Rom** Vor der Kulisse des altrömischen Kolosseums versammeln sich wie jeden Karfreitag Gläubige zur Kreuzwegsprozession: »Wenn es nicht das Maß des wahren Gottes gibt, zerstört sich der Mensch selbst. Wir sehen das mit eigenen Augen.«

14. April 2006 | **Rom** Erstmals führt Benedikt XVI. als Papst die »Via Crucis« an, die Kreuzwegsprozession, die am Karfreitag an Leiden und Tod Jesu Christi erinnert: »Je besser du Jesus kennst, umso mehr zieht dich sein Geheimnis an.«

21. August 2005 | **Kerpen** Mit einer Sonntagsmesse auf dem Marienfeld geht der XX. Weltjugendtag zu Ende. Die Veranstaltung zeigte, dass Benedikt XVI. seinem Vorgänger an Popularität kaum nachsteht. »Jesus«, so ruft der Papst aus, »ist der Polarstern der menschlichen Freiheit.«

29. Mai 2005 | **Bari** Eine Gruppe von Nonnen nimmt in der frühsommerlichen Hitze Süditaliens an einer von Papst Benedikt XVI. zelebrierten Messe teil: »Wir sind nicht gesendet, damit wir uns selber und unsere Meinung verkünden, sondern das Geheimnis Christi.«

17. Juli 2005
Les Combes
Während seines Sommerurlaubs im hochalpinen Aostatal an der italienisch-französischen Grenze spricht der Papst mit einheimischen Kindern. »Wenn ihr nicht wisst, wie ihr beten sollt«, empfiehlt er Jugendlichen, »dann bittet Jesus, er möge es euch beibringen.«

28. Mai 2006 | **Oswiecim** Ein schwerer Tag: Papst Benedikt XVI. durchschreitet das Tor zum ehemaligen Vernichtungslager Auschwitz. Siebenundzwanzig Jahre zuvor ging Johannes Paul II. diesen Weg, doch Benedikts deutsche Herkunft verleiht seinem Besuch eine zusätzliche Dimension.

23. Mai 2006 | **Warschau** Riesige Plakate kündigen den bevorstehenden Polenbesuch von Papst Benedikt XVI. an. Diese peruanische Touristin ist so begeistert, dass sie das Plakat zu küssen scheint.

8. Juli 2006 | **Valencia** Papst Benedikt XVI. besucht die spanische »Stadt der Künste und Wissenschaften«, um am Fünften Weltfamilientreffen teilzunehmen. Es steht unter dem Motto »Weitergabe des Glaubens in der Familie«.

20. September 2005

Castel Gandolfo

Ein Moment meditativer Einkehr, der Kraft gibt für die nächsten Herausforderungen der Arbeit im Dienste des Glaubens: Beim Spaziergang im Garten seiner Sommerresidenz betet Papst Benedikt XVI. den Rosenkranz.

9. September 2006
München

»Ich danke Gott für diese schöne Heimat«: Der Papst zeigt sich »tief bewegt«, als er bei seinem Bayernbesuch von 12 000 Menschen auf dem Münchener Marienplatz begrüßt wird, »der bereits zweimal Zeuge entscheidender Wendepunkte meines Lebens war.«

11. September 2006 | **Altötting** Benedikt XVI. zieht über den Altöttinger Kapellplatz zur Anbetungskapelle. Der Papst unterstrich in dem Marienwallfahrtsort die Bedeutung der »priesterlichen Sendung«. Das Wichtigste am Priestertum sei die »täglich von innen her gefeierte Messe«.

12. September 2006

Regensburg

Papst Benedikt XVI. winkt nach einer Messe auf dem Islinger Feld bei Regensburg den Pilgern zu. Auf dem Islinger Feld zelebrierte der Pontifex den dritten und letzten großen Gottesdienst seines Besuchs in Bayern.

Der neue Frühling des Geistes

BENEDIKT XVI. VERKÖRPERT DIE KONZENTRATION AUF DEN KERNGEHALT DES CHRISTENTUMS

Es war nicht leicht, diesem Papst zuzuhören: mit seinen unbequemen Aufrufen, Mahnungen, flehentlichen Bitten zur Umkehr. »Was habt ihr aus euren Chancen gemacht«, fragte er nach der Wende geradeheraus seine polnischen Landsleute. Und es war nicht leicht, ihn anzusehen: Vor der Kulisse einer Welt, die in ihrem Machbarkeitswahn verrückt zu werden droht, trug er das Leiden vor sich her wie eine Monstranz. *Ecce homo:* einer, der in der Schwäche die Größe findet.

»Ich war auch mal zwanzig Jahre alt wie ihr«, erzählte Johannes Paul II. bei einem Jugendtreffen in der Schweiz. »Ich liebte den Sport, das Skifahren und die Poesie. Ich hatte Wünsche und verspürte Ängste. Ich versuchte, meinem Leben einen Sinn zu geben. Ich habe diesen Sinn in Jesus gefunden.«

Bereits im Februar war in der päpstlichen Wohnung ein leistungsfähiger Wachdienst eingerichtet worden. Man hatte aus den Fehlern der Vergangenheit gelernt, als der schwer herzkranke Johannes Paul I. buchstäblich in Einsamkeit seiner Sterbestunde entgegenging. Eine multidisziplinäre vatikanische Equipe umfasste zehn Notfallmediziner. Es sind Spezialisten für Kardiologie, Infektiologie, Hals-Nasen-Ohren-Heilkunde, innere Medizin, Radiologie und klinische Pathologie, unterstützt von vier professionellen Krankenpflegern, die unter Leitung des Leibarztes Renato Buzzonetti stehen. Am 27. März 2005, es ist der Ostersonntag, erschien der Papst noch einmal an seinem Fenster. Dreizehn Minuten hält er stand, in der Hand den Zettel mit seinem Text. 150 000 Gläubige haben sich auf dem Platz versammelt, Hunderte von Millionen sitzen vor den TV-Geräten, um den traditionellen Segen *urbi et orbi* zu empfangen. Es ist eine erschütternde Szene. Johannes Paul II. will sprechen, er ringt mit der Sprache. Verzweifelt reißt er die Arme hoch – und bleibt stumm. Dem Stellvertreter Christi auf Erden versagt die Stimme. Und schweigend hebt er die rechte Hand und segnet mit einem großen Kreuz die Stadt und den ganzen Erdkreis.

Mag vieles an diesem Pontifikat erfolglos gewirkt haben, aber dieser Papst hat als Erster der Shoa gedacht, als Erster islamische und buddhistische Staaten besucht, als Erster mit Vertretern der Weltreligionen in Assisi gebetet. Er hat Kopernikus und Galilei rehabilitiert, hat die historische Schuld der Kirche bekannt, hat Kongresse für die Rechte von Immigranten und Kindern organisiert, unerbittlich gegen Konsumterror, Profitgier und Wettrüsten gepredigt, gegen die Pest der Korruption und des simplen Betruges, der zur Gewohnheit geworden war. Es ist ein reiches Erbe, das hier angewachsen war, eine Mitgift, die verpflichtet. Und als zum ersten Mal die Bilder jener Millionen junger Menschen zu sehen sind, die sich in ihrer Trauer vor dem Pontifex verneigen, scheint das nicht ein Abschied zu sein, sondern eine Auferstehung. Wie aus dem Nichts ist eine neue Bewegung aufgetaucht. Und es ist nicht nur ihr moderner Auftritt, der überrascht, sondern mehr noch ihre Frömmigkeit. Die Enkelgeneration des Glaubens machte offenbar da weiter, wo ihre Großeltern aufgehört hatten, mit Rosenkranz und Anbetung, Wallfahrt und Mission. Hatte Wojtyla nicht immer auch, so rätselhaft und schwer nachvollziehbar, von einem »neuen Frühling des menschlichen Geistes« gesprochen? Nun war Frühling in Rom, als sich der größte Trauerzug in der Geschichte der Menschheit, beflügelt vom Elan der Jugend, getragen von der Kraft einer unverkrampften Liebe zu Jesus, zu einer bunten Demonstration verwandelte – eine Vorahnung dessen, wie das Antlitz einer Kirche aussehen könnte, die sich wieder aufmacht, Christus entgegenzugehen.

Als Dekan des Kardinalskollegiums, zu dem er 2002 gewählt wurde, obliegt Joseph Ratzinger die Aufgabe, sowohl die Beerdigungsfeierlichkeiten für Johannes Paul II. zu leiten als auch den Wahlprozeduren für den neuen Pontifex vorzustehen. Es ist eine ganz besondere Stimmung auf dem Petersplatz, als der »Jahrtausendpapst« zu Grabe getragen wird. Ein frischer Wind fährt in die Gewänder der Kardinäle, er durchblättert förmlich auch das rote Evangelienbuch, das auf dem schlichten Holzsarg des Verstorbenen liegt. Joseph Ratzinger ist der Priester am Altar, der diese Zeremonie leitet. Der Schmerz über den Verlust des Freundes ist ihm anzusehen. Blaue Ringe um die Augen zeugen von seiner Anstrengung, das schlohweiße Haar von seinem fortgeschrittenen Alter. Es wäre eine Möglichkeit gewesen, sich ins Bild zu setzen als der knallharte Ideologe, den viele in ihm vermuten, den Mächtigen der Welt, die sich seitlich neben der Treppe des Petersdoms auf dreihundert Quadratmetern Fläche versammelt hatten, die Leviten zu lesen. Stattdessen spricht er ausschließlich von Wojtyla, der von der Muttergottes gelernt habe, »Christus ähnlich zu werden«.

Viele halten Ratzinger aufgrund seiner Stellung, seines Ansehens und seines Einflusses für einen »Papstmacher«. Als Kandidat selbst käme er kaum in Frage. Zu alt. Zu umstritten. Und noch dazu ein Deutscher. Der Kardinal hatte mehrfach erklärt, in den verdienten Ruhestand gehen und endlich seine Christologie schreiben zu wollen. Seine Predigt für den Eröffnungsgottesdienst sollte seine letzte Pflichterfüllung werden – und sein Vermächtnis. Ein Manifest über die Strömungen der Zeit, die Gemengelage des Augenblicks, um damit dem Kollegium der obersten Hirten der Weltkirche deutlich zu machen, für welche Aufgaben ein neuer Pontifex gerüstet zu sein habe. »Wir dürfen nicht Kleinkinder im Glauben bleiben«, so beschwört er nun, »hin und her getrieben von jedem Widerstreit der Meinungen«. Wörtlich sagt er: »Wie viele ideologische Strömungen, wie viele Moden des Denkens haben wir in diesen vergangenen Jahrzehnten erlebt? ... Das kleine Boot des Denkens vieler Christen ist nicht selten von diesen Wellen durchgeschüttelt und von einem Extrem ins andere geworfen worden: vom Marxismus zum Liberalismus bis hin zum Libertinismus, vom Kollektivismus zum radikalen Individualismus, vom Theismus zu einem vagen religiösen Mystizismus.« Jeden Tag tauchten neue Sekten auf, wer andererseits »einen klaren Glauben nach dem Credo der Kirche« habe, werde »oft mit dem Etikett des Fundamentalismus belegt«. Und dann die entscheidenden Sätze: »Es entsteht eine Diktatur des Relativismus, die nichts als endgültig anerkennt und als letzten Maßstab nur das eigene Ich und seine Wünsche gelten lässt. Wir hingegen haben einen anderen Maßstab: den Sohn Gottes, den wahren Menschen. Er ist das Maß des wahren Humanismus.« Und ähnlich einem Fußballtrainer, der seine Mannschaft in die zweite Halbzeit schickt, schließt er ab: »Wir müssen von einer heiligen Unruhe beseelt sein: der Unruhe, allen das Geschenk des Glaubens, der Freundschaft mit Christus zu bringen ... wir sind Priester, um den anderen zu dienen.«

Als die hundertfünfzehn wahlberechtigten Kardinäle unter achtzig Jahren in einer würdigen Zeremonie in die Sixtinische Kapelle einziehen, um von nun an, hermetisch abgeschlossen, ihre Wahlgänge zu absolvieren, kann man die Anspannung in ihren Gesichtern ablesen. Viele hüsteln und räuspern sich, andere sind vor Aufregung wie erstarrt. Der Chor stimmt eine Komposition von Bach an: »Jesu meine Freude.« Die machtvolle Demonstration für Johannes Paul II. hatte nicht nur die Person, sondern auch seinen Kurs bestätigt. Daran kann nun niemand mehr vorbei. Die Frage ist also lediglich: Mit wem kann die Kirche den Phänomenen des Zusammenbruchs richtig begegnen? Wo sind die neuen, die wirklich schöpferischen Kräfte für die Zukunft? Und wer hat insbesondere die Fähigkeit, das reiche Erbe des großen Vorgängers richtig weiterzuführen? Ein schnelles Ergebnis ist gefragt. Langes Abwägen und Taktieren würde die Hirten der Kirche nicht nur in ein schlechtes Licht setzen, sondern womöglich auch den gerade begonnenen Prozess des Aufschwungs torpedieren.

Es gibt eine erstaunliche Parallele zum vorangegangenen Konklave. Genauso wie der Präfekt der Glaubenskongregation mit seinem Eröffnungstext die Problemstellung des säkularisierten Westens verdichtete, überzeugte damals ein Kardinal aus Polen durch eine tief gehende Analyse der Herausforderungen durch den Marxismus. »Ganz besonders in dieser Stunde bitten wir inständig den Herrn«, führt Ratzinger aus, »dass er uns nach dem großen Geschenk Johannes Paul II. einen neuen Hirten gemäß seinem Herzen schenkt, einen Hirten, der uns zur Erkenntnis Christi, zu seiner Liebe und zur wahren Freude führt.« Aber je mehr sich der Mann aus Bayern zurücknimmt, desto größer wird seine Ausstrahlung. Das schlohweiße Haar, die burschikose Erscheinung, die Erhabenheit seiner Messfeier – und wenn er zwei, drei Mal bei einer Zeremonie stockt, gibt ihm dies noch die ganz eigene Note der Menschlichkeit und Authentizität. Ratzinger hat Augen wie ein Adler, auch mit Brille. Die Begehrlichkeiten vieler Brüder konnten ihm unmöglich verborgen bleiben. »Herr, tu mir das nicht an!«, betet er nun wie weiland Jesus im Garten Gethsemane. »Du hast Jüngere und Bessere, die mit ganz anderem Elan und mit ganz anderer Kraft an diese große Aufgabe herantreten können.«

Es ist Dienstag, der 19. April 2005. Schon bei der ersten Sitzung am Tag zuvor hatte sich Ratzinger als einer der Favoriten erwiesen. Im Laufe der Vormittagssitzung nun stieg sein Stimmenanteil beträchtlich an. Aus dem Rohr der Sixtinischen Kapelle qualmte zwar zum zweiten Mal schwarzer Rauch auf, für viele Beteiligte jedoch ist nur noch die Frage, ob er das Amt auch wirklich annehmen würde. Die einen hoffen, andere bangen. Vorsorglich erinnert ihn einer der Kardinäle daran, seine Mutter sei als Köchin ebenfalls eine Alleskönnerin gewesen. Ein anderer steckt ihm einen kleinen Brief zu: »Wenn der Herr nun zu Dir sagen sollte ›Folge mir‹, dann erinnere Dich, was Du gepredigt hast. Verweigere Dich nicht! Sei gehorsam, wie Du es vom großen heimgegangenen Papst gesagt hast.« Und tatsächlich, was kaum für möglich gehalten wurde, tritt ein. Beim entscheidenden Wahlgang erkennen die Kardinäle an ihren Strichlisten sofort den Moment, da für Ratzinger die Zahl siebenundsiebzig erreicht ist, die erforderliche Zweidrittelmehrheit. Spontan beginnt das Auditorium zu klatschen. Alle erheben sich. Ratzinger tritt nach einem Augenzeugenbericht »sehr gefasst, sehr gelassen, aber auch sehr bestimmt« auf. Andere beschreiben ihn als »gerührt, ruhig und äußerst ernst«. Viele seiner Wähler dagegen sind extrem bewegt: »Ich habe mein Gesicht verhüllt«, berichtet der Kölner Kardinal Joachim Meisner, »ich hab geheult vor Rührung. Und ich war nicht der Einzige.«

Mit einem Ergebnis nur sechsundzwanzig Stunden nach seinem Beginn ist das Konklave zur Wahl des ersten Pontifex des neuen Jahrtausends eines der kürzesten der Geschichte. Es ist ein Konklave der Entschiedenheit und der Einheit. Auf Ratzinger vereinigen sich angeblich achtundneunzig von hundertfünfzehn möglichen Stimmen. Auf die Frage von Kardinalstaatssekretär Angelo Sodano, ob er das Amt annehme, antwortet Ratzinger: »Dem Heiligen Geist gehorsam, sage ich zu dem Votum der Kardinäle Ja.«

Als sich die schweren roten Samtportieren hinter den Fensterflügeln der Loggia des Petersdoms zu bewegen beginnen, tritt auf dem Platz augenblicklich eine Starre ein. Es ist der dienstälteste Kardinaldiakon, der Chilene Jorge Arturo Medina Estevez, der als Erster vor die Menge tritt. »Brüder und Schwestern«, so beginnt er auf Italienisch. Pause. Dann auf Englisch, Französisch und Deutsch. Erneut eine Pause. Die Spannung wächst ins Unermessliche. »Annuntio vobis gaudium magnum – ich verkünde euch eine große Freude.« Auf dem Platz brandet eine erste Woge des Beifalls auf: »Habemus papam – wir haben einen Papst.« Der Chilene ist ein Genie der Dramaturgie. Erneut macht er eine Kunstpause – um dann in einem sensationellen Stotter-Stakkato die Stimme hochzufahren: »Den hochwürdigsten Herrn … Josephum … Cardinalem … Ratzinger.« Der Petersplatz bebt. Die Menschen liegen sich in den Armen. Und als der neue Pontifex der katholischen Christenheit endlich selbst, erlöst und freudig und lächelnd, vor die Gläubigen tritt, löst sich ein Jubel ohne Grenzen.

Forschend, immer auf der Hut, so kannten viele dieses Antlitz als Glaubenswächter der Kirche. Manchmal die Lippen nach vorn geschoben, abwartend in seiner konzentrierten Haltung. Nun tritt jemand an die Brüstung, dem man noch die Spuren eines inneren Kampfes anzusehen glaubt. Vielleicht hätte er am liebsten auch geweint in seiner erschütternden Rührung über die Zuneigung des großen Gottes, der dem kleinen Joseph, dem Sohn der Maria, der er immer ähnlicher geworden war, aus dem kleinen Marktl am Inn im Bistum Passau, diesem nach eigenem Gefühl so schwächlichen Menschen, am Ende seines Lebens die gesamte Herde anvertraut. Dann wirft er die Arme hoch, freudig, erleichtert, ein bisschen steif zwar, mit senkrecht aufgestellten Handflächen, wie er es auch als Bischof von München immer getan hatte, aber augenblicklich tritt aus der Schale des Präfekten wie aus einem Kokon ein Mann von großer Leichtigkeit. In der Metamorphose des Konklaves wurde aus Joseph Ratzinger Benedikt XVI., und fast schien es, als habe sich damit vor aller Augen auch eine neue Aura gebildet, die sich wie ein unsichtbarer Doppelkörper um die Gestalt im Papst-Ornat zu weben beginnt. Ein Nimbus, der anzeigt, dass er nun stark und bereit sei, den Weg zu Ende zu gehen.

Ein Papst aus Deutschland, das ist in der Tat eine spektakuläre, eine nahezu exzentrische Wahl. Unumwunden sprach der Kölner Kardinal Joachim Meisner von einem »Wunder«. Wojtyla habe den östlichen Marxismus vernichtet, der neue Papst werde nun den westlichen Libertinismus und Atheismus zu Fall bringen, verkündeten Benedikts engste Anhänger. Obendrein sei da erneut jemand, der wie sein Vorgänger zum Befreier seiner eigenen Nation werden könne. Zumindest würde er mächtige Stromstöße geben, die den Herzmuskel des Landes wieder zum Schlagen bringen könnten.

»Bequem sind die Wege des Herrn nicht«, so erklärte Ratzinger seine Überlegung, die ihn zur Annahme der Wahl bewogen hätten, »aber wir sind ja auch nicht für die Bequemlichkeit, sondern für das Große, für das Gute, geschaffen.« Der frühere Präfekt mag anfangs ein wenig irritiert gewesen sein über die Zuteilung eines Amtes, »an das ich nie gedacht hatte und für das ich mich nicht geschaffen glaubte«. Im Grunde war kaum jemand besser vorbereitet als er. Über Jahrzehnte an der Seite seines Vorgängers, wusste er, wie ein Papst zu sein hat – und wohl auch, wie er es anders machen würde. Und so ungelenk manche seiner Bewegungen anfangs auch wirken mochten, so kennt er die repräsentativen und darstellerischen Erfordernisse des Amtes nur zu gut. Handicaps aber gibt es. Zumal für jemanden, der gewissermaßen ein beschriebenes Blatt ist und die übliche Chance des Neuen nur nutzen könnte, wenn er schlagartig ein anderes Image fände. Da ist zum einen auch Ratzingers ausgeprägter Eigensinn, den er schon als Internatsschüler zu verarbeiten hatte. Etwas, das in der Haut steckt, aus der man nicht heraus kann. Hinzu kommt, dass sein Alter nicht unbedingt die Premiere symbolisiert, auf die eine Medien- und Ereignisgesellschaft so erpicht ist.

Um einen sogenannten Übergangspapst allerdings, wie Beobachter vermuten, konnte es nach Wojtyla nicht gehen. Nach einem Giganten wie ihm ist jeder Folgepapst, ob nun achtundvierzig oder achtundsiebzig Jahre alt, in gewisser Weise eine nachrangige Erscheinung. Und dennoch stellt Benedikt XVI. als erster Papst des dritten Jahrtausends zumindest eine Erfüllung dar. Denn zu suchen und zu retten, was verloren war, ist die Konstante seines Wirkens als Professor, Bischof und Glaubenshüter. Seine große Vision dabei: den Glauben neu zu entdecken; nicht als Ansammlung von Verboten, sondern als die ereignisreichste und positivste Option dieser Welt überhaupt. Nun kann er mit einer gewaltigen Mitgift aufbrechen, um mit Konzentration die Essentials des christlichen Glaubens einer neuen Epoche zuzustellen – ganz nach der Ansage des Evangeliums: »Die aber, die er [Gott] vorausbestimmt hat, hat er auch berufen, und die er berufen hat, hat er auch gerecht gemacht; die er aber gerecht gemacht hat, die hat er auch verherrlicht.« (Röm 8,30)

Behutsam hatte dieser Pontifex begonnen. Fast, als warte er noch ab, ob er am nächsten Tag überhaupt noch da sei. »Staunen und Dankbarkeit gegenüber Gott« empfinde er, so bekannte Benedikt XVI. bei seiner ersten Generalaudienz, »aber auch ein inneres Zittern vor der Größe der mir übertragenen Verantwortung«. Niemand konnte sicher sein, ob dem Neuen auf dem Stuhl Petri die Schuhe des Vorgängers nicht vielleicht doch einige Nummern zu groß seien. Kommentatoren rätselten, wie er ohne Herzlichkeit, die ihm anscheinend fehle, Menschen ansprechen und ein eigenes Charisma entwickeln würde. Doch noch während seiner Eröffnungsrede vor über 300 000 Gästen auf dem Petersplatz weichen spürbar Skepsis und Distanz gegenüber dem ungeahnt natürlichen Auftritt und dem demütigen Stil, den der zweihundertvierundsechzigste Nachfolger Petri an den Tag legt.

Ratzinger nimmt sich zurück. »Als Papst besteht die Gefahr«, sagt er selbstkritisch, »dass man der alltäglichen Lebenswirklichkeit ein bisschen fern ist.« Seine Emotionalität ist verhalten, sein Auftreten fast scheu. Und dennoch gibt es keinen Bruch zwischen dem, was vorher war, und dem, was jetzt ist. Ganz offensichtlich hatten viele der professionellen Beobachter zwei Dinge unterschätzt: Zum einen die Aura des Amtes. Papst ist nicht irgendein Job. Er verleiht einen gewaltigen Nimbus. Zum anderen Ratzingers Fähigkeit, ganz schnell in neue Aufgaben hineinzuwachsen und diese dann auch ganz anzunehmen. Eine geringere Reiselust gleicht er dann etwa dadurch aus, dass er die Bischöfe aller Kontinente persönlich einzeln zum Gespräch trifft. Eine geringere Ausstrahlung an Väterlichkeit durch seine brüderliche Haltung, mit der er das hierarchische Amt berührbarer macht. Als oberster Hirte der katholischen Kirche wirkt er nun gar so, als sei er jetzt, da er scheinbar alle Macht hat, machtloser denn je – und erscheint gerade deshalb doppelt eindrucksvoll und überzeugend.

Schon mit der Wahl seines Namens macht der Neue klar, dass er die Tradition aus der Vergangenheit aufnehmen, aber auch neue Akzente setzen will. »Ich habe mich Benedikt XVI. genannt«, erklärte er, »um mich an das Pontifikat des mutigen Friedenspapstes Benedikt XV. anzulehnen, der den Ersten Weltkrieg zu verhindern suchte. Ich stelle mein Petrusamt in den Dienst der Versöhnung und des guten Einvernehmens unter den Menschen und Völkern. Die Wahl meines Namens knüpft aber auch an den heiligen Benedikt von Nursia an, den ›Vater des abendländischen Mönchtums‹ und Mitpatron Europas.« Dieser Heilige stelle »einen grundlegenden Bezugspunkt für die Einheit Europas dar sowie einen deutlichen Verweis auf die unverzichtbaren christlichen Wurzeln der Kultur und der Zivilisation Europas«. Und vielleicht mag der frühere Kardinal dabei auch an Benedikt XIV. gedacht haben, den bis dahin größten Gelehrten auf dem Stuhl Petri, der intensive Dialoge mit Intellektuellen führte, nicht zuletzt mit Aufklärern und Kirchenkritikern wie Voltaire. »Andiamo avanti«, rief nun der neue Benedikt der Menge zu: »Lasst uns vorangehen! Vorwärts!«

Er wolle den Glauben zwar auslegen, hatte der Kardinal sich häufig erklärt, aber er wolle ihn »nicht ummünzen in ein Gerede, das nur mühsam eine völlige geistige Leere verdeckt«. Als Präfekt verteidigte er Zölibat und traditionelle Ehe, kämpfte gegen Abtreibung und künstliche Empfängnisverhütung, verwahrte sich gegen eine Politisierung der Theologie. Aber ein Skeptiker oder Neinsager aus einem negativen Denken heraus war er nie. Als am 22. April 2005 die neue päpstliche Regierung mit einem festlichen Pontifikalamt auf der Freitreppe vor Sankt Peter Eröffnung hält, verzichtet Benedikt XVI. demonstrativ darauf, wie er sagt, »eine Art von Regierungsprogramm vorzulegen«. »Das eigentliche Regierungsprogramm« nämlich sei, »nicht meinen Willen zu tun, nicht meine Ideen durchzusetzen, sondern gemeinsam mit der ganzen Kirche auf Wort und Willen des Herrn zu lauschen und mich von ihm führen zu lassen«. Der Begriff der »Vorsehung« ist dabei für Ratzinger nicht nur eine Floskel, sondern ein Faktum, das es umzusetzen gilt. »Der Papst ist kein absoluter Souverän, dessen Denken und Willen Gesetz sind. Im Gegenteil: Sein Dienst garantiert Gehorsam gegenüber Christus und seinem Wort.« Allerdings habe ein Papst sicherzustellen, »dass das Wort Gottes in seiner Größe erhalten bleibt und in seiner Reinheit wieder ertönt«, und zwar »gegen alle Versuche von Anpassung, Verwässerung und Opportunismus«. Damit war klar, dass auch Papst Benedikt XVI. tut, was Kardinal Ratzinger noch für unabdingbar hielt – »in Verbindung mit einer inneren Erneuerung, der ich mich hingeben möchte«.

Schnell war Routine eingekehrt im berühmtesten »Appartamento« der Welt, der päpstlichen Wohnung im apostolischen Palast, dritter Stock rechts. Der Papst ließ renovieren und tauschte dunkle Tapeten gegen helle. Zu Arbeitsraum und Schlafsaal kam ein Wohnzimmer hinzu. Aus seiner früheren Wohnung wurden die alten Bücherregale herübergeschafft, mit jedem Buch am alten Platz. Doktor Buzzonetti, der zweiundachtzigjährige Leibarzt seines Vorgängers, stellte noch ein Trimmrad dazu, extra hart eingestellt. Der neue Stil des Hauses wurde schnell deutlich. Seine allererste Amtshandlung ist ein Brief an die jüdische Gemeinde von Rom. Kurze Zeit später unterbricht der Papst das Seligsprechungsverfahren für einen französischen Priester, dem antisemitische Reden vorgehalten werden. Stillschweigend schafft er den Handkuss ab. Als Nächstes verschwindet die Tiara aus dem päpstlichen Wappen, Symbol für die weltliche Macht seines Throns. Wojtyla hatte sich angewöhnt, in der Einzelperson zu sprechen, Ratzinger führt nach dem »Ich« wieder das päpstliche »Wir« ein, um nicht die Person, sondern das Amt und die bischöfliche Kollegialität in den Vordergrund zu stellen. Er will nicht das Spektakuläre tun, sondern das Wesentliche. Ruhig, mit einem langen Atem und mit der ihm eigenen Sicherheit des Urteils.

Seine erste Bischofssynode verkürzt Benedikt nicht nur von vier auf drei Wochen, er gestaltet sie auch kollegialer. Neu ist am Abschluss jeden Arbeitstages eine einstündige »freie Debatte«, die aktive Teilnahme des Papstes und eine höhere Zahl der »brüderlichen Delegierten«, der Vertreter anderer Kirchen und kirchlicher Gemeinschaften. Vierzig Jahre gebe es die Zusammenkünfte der Bischöfe nun schon, so ein Kardinal, doch erst mit Benedikt XVI. sei in einer »heilsamen Unruhe« wirklich kontrovers und ohne Scheu über »heiße Eisen« debattiert worden. Eine Reform der Kurienverwaltung mit der Reduzierung der Abteilungen schließt sich an. Vatikanmitarbeiter bestätigen, vieles sei nun straffer, effizienter, transparenter geworden. Und bei der Besetzung neuer Ämter macht Benedikt mit dem neuen Kardinalstaatssekretär, dem Mailänder Kardinal Tarcisio Bertone, einem Mitglied des Salesianerordens Don Boscos, demonstrativ deutlich, wie er die Männer Gottes in seiner Nähe zu sehen wünscht: asketisch, streng, aber gleichwohl originell und menschlich.

Die Ankündigung der Bemühungen um volle Einheit mit anderen christlichen Kirchen ist die erste Sensation des neuen Pontifikates, eine Art strategischer Clou. Weitgehend unbekannt geblieben war dabei, dass Ratzinger beizeiten wichtige Impulse für die Entwicklung der Ökumene gab. Die Unterzeichnung der Übereinkunft mit den Lutheranern zur Rechtfertigungslehre etwa wäre ohne seinen Einsatz nicht zustande gekommen. Er hatte in Geheimtreffen noch persönlich interveniert, um ein Scheitern der Verhandlungen zu verhindern. Mit der Orthodoxie pflegt er seit den Tagen als Professor intensive Kontakte. Jeder Christ, so predigt er nun, müsse eines Tages Rechenschaft darüber ablegen, was er für die Ökumene getan habe. Insbesondere sei nun der Dialog mit der Orthodoxie in eine »neue Phase« getreten. Man dürfe sich nicht länger mit »Zwischenstadien« zufriedengeben. Er selbst wolle sich unermüdlich »für die Wiederherstellung der vollen und sichtbaren Einheit« einsetzen. Die Benedikt-Formel: »Vielfalt, die zur Einheit wird; Einheit, die dennoch Vielfalt bleibt.«

Eine vordringliche Aufgabe sieht Benedikt XVI. angesichts zunehmender Konflikte zwischen den Ethnien im »Dialog zwischen Zivilisationen, den Kulturen und den Religionen«. »Vor Gott besitzen alle Menschen die gleiche Würde, unabhängig davon, welchem Volk, welcher Kultur oder Religion sie angehören«. Derzeit unterdrückten »Ungerechtigkeit und Gewalt« verschiedene Teile der Welt: »Terrorismus, Nihilismus und fanatischer Fundamentalismus sind die neuen und gefährlichsten Hindernisse für den Frieden.« Gegenüber dem Judentum wolle er »den Weg zur Verbesserung der Beziehungen und der Freundschaft« weitergehen, und zwar »mit voller Kraft«. Der Glaube des Alten Testamentes sei für Christen »keine andere Religion, sondern Fundament unseres Glaubens«. Im Verhältnis zum Islam bekräftigte der frühere Präfekt, dieser habe eine ganz andere Totalität der Lebensordnung als die Gesellschaften mit christlicher Tradition. Es gebe eine »unseren modernen Gesellschaftsvorstellungen entgegengesetzte Ordnung des Strafrechts, der ganzen Lebensbezüge«. Falsch sei es jedoch, den Islam insgesamt mit Fundamentalismus gleichzusetzen: »Die Früchte des Glaubens an Gott bestehen nicht in zerstörerischen Feindschaften, sondern im Geist der Brüderlichkeit und Zusammenarbeit für das Gemeinwohl.«

Wie Benedikt in Italien ankommt, war beim Besuch in Bari zu sehen, seiner ersten Reise, die ihn in die Stadt des heiligen Nikolaus führte, den West- wie Ostkirche als eine Art Patron der Gesamtkirche verehren. Schon während er mit seinem Helikopter über dem Open-Air-Gelände kreiste, brach eine Welle der Begeisterung aus. Und dennoch ist es anders. Als der Papst am Altar stand, verzog er keine Miene. Vom Jubel der Massen ließ er sich kaum beeindrucken. So, als wollte er sagen, ja, hier sind wir viele. Aber wie sieht es draußen aus? Und wie sieht es bei euch hier am Platz »drinnen« aus? Immerhin sind 200 000 Menschen versammelt, doppelt so viele wie erwartet. Und es brandet ein jubelnder Chor auf, als der alte Mann mit seiner brüchigen Stimme das »Sanctus« anstimmt. In dieser Minute ist Joseph Ratzinger per Akklamation seines italienischen Volkes als Papst bestätigt. »Die Kirche ist gar nicht alt und unbeweglich«, hatte er sich längst begeistert, »nein, sie ist jung.« Und es sei auch nicht wahr, dass die Jugend nur »materialistisch und egoistisch ist. Das Gegenteil ist wahr: Die Jugend will das Große. Sie will, dass dem Unrecht Einhalt geboten wird. Sie will, dass die Ungleichheit überwunden und allen ihr Anteil an den Gütern der Welt gegeben wird. Sie will, dass die Unterdrückten ihre Freiheit erhalten. Sie will das Große. Sie will das Gute. Und deswegen ist die Jugend auch wieder ganz offen für Christus.«

Bari war bereits ein Vorgeschmack auf seinen Stil, seine Symbolik, seine Form der Kommunikation und damit auch auf Ratzingers »eigenes intellektuelles Charisma«, wie der *Corriere della Sera* es ausdrückte, eine Sendung »mit Maß und Zurückhaltung«. Dass er sich auf die Hauptpunkte konzentriert, keine demonstrativen Gesten und vordergründigen Effekte setzt, zeigte sich deutlicher noch auf der Pilgerreise nach Polen im Mai 2006. Demonstrativ vermied der Papst, Geschenke zu unterbreiten, etwa mit einer vorgezogenen Seligsprechung Johannes Pauls II. Angesichts einer patriotischen Stimmung warnte er, Christen dürften sich nicht zu sehr mit einzelnen Nationalitäten identifizieren.

Benedikt macht keine Politik. Er bringt Christus. Er gibt Zeichen. Und das genügt ihm. Eine Art Durchbruch in der Akzeptanz der Öffentlichkeit gelingt ihm dabei beim Weltjugendtag in Köln, mit 1,1 Millionen Menschen die größte Messe aller Zeiten in Deutschland. Hunderttausende standen im Wasser, als der Papst vom Schiff aus predigte. Sie gingen in Scharen zur Anbetung, feierten die Eucharistie, beichteten und tanzten in ausgelassener Fröhlichkeit. »Ich möchte der Jugend der Welt zeigen, dass es schön ist, ein Christ zu sein«, rief der Pontifex seinem Publikum zu. »Von einer großen Liebe und Erkenntnis getragen zu sein, ist nicht etwa ein Gepäck, sondern es sind Flügel.« Im Übrigen, so mahnte er bei der Begegnung mit den deutschen Bischöfen, suchten die jungen Leute »keine künstlich sich jung gebende Kirche, sondern eine Kirche, die jung ist im Geist, eine Kirche, die Christus, den neuen Menschen, durchscheinen lässt«.

Joseph Ratzinger war nie Freund einer zur Show neigenden Liturgie, als Benedikt XVI. verwandelte er das internationale Treffen ähnlich wie seine Generalaudienzen in Rom und die sonntäglichen Angelus-Gebete auf dem Petersplatz plötzlich in eine riesige Katechese. Ausgerechnet der Begriff »Revolution« wird dabei zum Stichwort. Aber der Papst benutzt ihn nicht in der gewohnten Weise, sondern richtet ihn neu zurecht, beschwört »die grundlegende Änderung der Welt«: »Nicht die Ideologien retten die Welt ... Die wirkliche Revolution besteht allein in der radikalen Hinwendung zu Gott, der das Maß des Gerechten und zugleich die ewige Liebe ist. Und was könnte uns denn retten, wenn nicht die Liebe?«

Sex, Verhütung, Zölibat? Von all dem schweigt Benedikt. Er ist kein Moralprediger. Und er will erkennbar diese Fragen zurückstellen. Sie haben zu lange den Blick auf das verstellt, worum es wirklich geht. Ganz jung geblieben, in einer Radikalität von unangepasstem Glauben, spricht der Papst vor den Jugendlichen über die Suche nach dem Richtigen: Übt die heilige Anbetung, fordert er sie auf. Sie ist der Weg zur Vereinigung mit Gott. Haltet den Sonntag. Tragt Jesus weiter. Macht andere Menschen mit ihm bekannt. Bastelt euch nicht selbst eure Religion. Sie trägt nicht, wenn es wirklich darauf ankommt. Lest in der Heiligen Schrift, damit ihr euch mit dem Wort Gottes vertraut macht und erkennt, wie die Welt funktioniert und auch: wie Gott ist. Entdeckt die Eucharistie. Nur wenn ihr ihrem Geheimnis nahekommt und es lieben lernt, könnt ihr von ihrer unendlichen Kraft und Hilfe zehren: »Das ist sozusagen die Kernspaltung im Innersten des Seins – der Sieg der Liebe über den Hass, der Sieg der Liebe über den Tod. Nur von dieser innersten Explosion des Guten her, das das Böse überwindet, kann dann die Kette der Verwandlungen ausgehen, die allmählich die Welt umformt.« Es ist das Thema, das ihn von Beginn seines Studiums an begleitet, und es ist das Thema, das am Beginn seiner Amtszeit steht: »Deus caritas est – Gott ist Liebe«. Die Eröffnungs-Enzyklika Benedikts gilt nicht von ungefähr als der Notenschlüssel dieses Pontifikats. Liebe sei ein vielfach verschmutztes Wort geworden, erklärt der Papst, aber »wir können es nicht einfach fallen lassen, sondern müssen es neu aufgreifen, reinigen und zu seinem ursprünglichen Glanz zurückführen, damit es unser Leben erleuchten und es auf den rechten Weg zurückführen kann.« In der Enzyklika, die er als »eine Einladung« versteht, wolle er die »Menschlichkeit des Glaubens« zeigen, »das ›Ja‹ des Menschen zu seiner Körperlichkeit, die von Gott geschaffen ist, ein ›Ja‹, das in der unauflöslichen Ehe zwischen Mann und Frau seine in der Schöpfung verwurzelte Form findet«. Die Liebe zum andern suche hier nicht länger sich selbst, sondern wandelt sich in Sorge für den andern, ist bereit zum Opfer für den andern, und sie öffnet sich auch für das Geschenk neuen menschlichen Lebens. Die Enzyklika beschreibt, wie sich Gott in der Liebe offenbart und in Christus verkörpert, um die Menschheit zu retten. Ein zweiter Teil des Textes gilt der Wandlung des *Eros* in *Agape*, des Opfers für andere. Die Abgründe eines ungezügelten Kapitalismus werden darin genauso gegeißelt wie der Missbrauch der Religion: Denn wenn die Liebe das Wesentliche an Gott ist, dann dürfe niemand im Namen Gottes zu Hass und Gewalt aufrufen.

Auf das neue Kirchenoberhaupt warten gewaltige Aufgaben. Nach wie vor ist keine Institution besser organisiert, besser vernetzt, keine hat weltweit mehr Niederlassungen. Mit seiner Inthronisation ist Joseph Ratzinger formal gesehen sogar der mächtigste Papst aller Zeiten – mit derzeit 1,1 Milliarden getauften Christen ist die katholische Kirche die größte Glaubensgemeinschaft der Welt. Ihr Einfluss auf die Gestaltung von Politik und Gesellschaft nahm in der Vergangenheit allerdings von Jahr zu Jahr dramatisch ab. Es war ihr noch nicht einmal gelungen, in der Präambel der künftigen europäischen Verfassung den Gottesbegriff zu verankern – angesichts großer europäischer Nationen wie Italien, Spanien und Polen, wo sich zum Teil über neunzig Prozent der Bevölkerung zum katholischen Glauben bekennen, eine fatale Entwicklung.

»Die Identifikation mit der Lehre der Kirche schwindet bei vielen Gläubigen«, warnte der Papst zu Beginn seiner Amtszeit, »und damit löst sich das Glaubenswissen auf, und die Ehrfurcht vor den Geboten Gottes nimmt ab.« Der Westen erlebe derzeit, erklärte er an anderer Stelle, »eine neue Welle einer drastischen Aufklärung«, die den Glauben schwierig mache. »In dieser Atmosphäre eines in sich verschlossenen Rationalismus, der das Modell der Wissenschaften als einziges Modell der Erkenntnis ansieht«, befänden sich die großen Kirchen »wirklich in einer abgrundtiefen Krise«. Durch die Verschiebung der Kräfte innerhalb der Weltkirche mag dabei einiges wieder ausgeglichen werden. Jeder zweite Katholik lebt heute bereits in Latein- und Nordamerika. Seine größten Zuwachsraten verzeichnet der Katholizismus in Afrika. Zunehmend werden außereuropäische Nationen ihre Kultur, ihre Haltung zur Geltung bringen, wobei es etwa Gläubigen in Afrika völlig unverständlich ist, dass säkularisierte Gesellschaften die Institution der Ehe relativieren und westliche Pfarrgemeinden eine Art Rationalisierung der Religion betreiben, anstatt ihre spirituelle Fülle zu leben. »Ich denke, dass es kein System für einen raschen Wandel gibt«, erklärte Benedikt vor Priestern an seinem Urlaubsort im Aostatal, »wir müssen weitergehen, durch diesen Durchgang, diesen Tunnel hindurchgehen, mit Geduld und in der Gewissheit, dass Christus die Antwort ist und dass am Ende sein Licht wieder erstrahlen wird.«

Das Zeitalter des Relativismus, glaubt der Papst, eine Weltanschauung, »die nichts als endgültig anerkennt und als letzten Maßstab nur das eigene Ich und seine Wünsche gelten lässt«, neige sich dem Ende zu. Und dabei kommen der Kirche, so ist er überzeugt, die vielen neuen geistlichen Bewegungen zur Hilfe, die in den Familien authentisches Christentum leben wollen und damit den Glauben beispielhaft und auch für Außenstehende wieder interessant machen. Für sie ist die Kirche nicht trotz, sondern aufgrund ihrer Prinzipienfestigkeit wieder attraktiv. »Der Papst ist wie meine Oma«, erklärte ein Jugendlicher, »sie sagt immer das Gleiche. Und auch wenn ich mich nicht immer dran halte, weiß ich, dass sie im Grunde recht hat.«

In diesem Zusammenhang werden dann auch »christliche Werte« nicht mehr länger gleichgesetzt mit falscher Moral und Lebensfeindlichkeit, sondern sie bekommen wieder einen positiven Klang. Und mit einem Mal hat dann auch die Suche nach Wahrheit nicht mehr etwas eher Verdächtiges, sondern wieder etwas Ehrbares, auf das man ja eigentlich gar nicht verzichten kann. Zu einem fortschrittlichen Lebensentwurf könnte dann künftig nicht nur verantwortungsvolles Handeln und ein neues Wertebewusstsein gehören, sondern auch wieder die selbstverständliche Einbeziehung der Spiritualität als Quelle für Kraft und Gesundheit.

Mit Benedikt jedenfalls entwickelt sich, wenn ihm genügend Zeit bleibt, eine Rückbesinnung auf die Wurzeln, eine neue Konzentration auf den Kerngehalt des christlichen Glaubens. Dreh- und Angelpunkt bei allem aber ist für den Papst einzig die Heiligkeit der Eucharistie. In diesem Punkt gebe es keinerlei Spielraum. Wenn die Eucharistie wanke, das Vermächtnis Jesu Christi, dann wanke die ganze Kirche. Nur von ihrem Geist aus seien geistige Umwälzungen überhaupt möglich. Nur von hier aus gebe es die Kraft für christliche Einigkeit. Der Nachfolger Petri erinnert dabei an den entscheidenden »Plan«, den es für diese Welt gebe, den »Plan Gottes«. »Gott steht der Menschheitsgeschichte nicht gleichgültig gegenüber«, postuliert er, »er hat vielmehr den Wunsch, mit uns und für uns einen Plan der Eintracht und des Friedens zu verwirklichen.« Man müsse »diese tiefe innere Gewissheit haben, dass Christus die Antwort ist und dass die Welt ohne den konkreten Gott, den Gott mit dem Antlitz Christi, sich selbst zerstört«. Christus sei »der Herr der ganzen Schöpfung und der ganzen Geschichte«, ruft er aus, ohne ihn sei »jede andere Wahrheit nur ein Fragment der Wahrheit, die er ist und zu der er führt«.

Nach einer langen Zeit so fruchtloser Diskussionen und einer lähmenden Beschäftigung mit sich selbst, so der große Aufruf Benedikts XVI., gelte es nun, das Geheimnis des Evangeliums neu kennenzulernen, Christus selbst ins Licht zu rücken – in seiner ganzen mystischen Größe. Und vielleicht wird der Papst damit sogar zum Impulsgeber einer kritischen Bewegung, die wieder eine Vision für die Zukunft formuliert, das Konzept für eine gerechte und solidarische Gesellschaft, die sich mit einem neuen Begriff von Freiheit und der Besinnung auf feste Werte vom Abgrund ihrer Selbstzerstörung retten will. In Benedikts Antritts-Enzyklika gibt es hierfür einen poetischen Kernsatz: Die Liebe, heißt es darin, »ist das Licht – letztlich das einzige –, das eine dunkle Welt immer wieder erhellt und uns den Mut zum Leben und Handeln gibt. Die Liebe ist möglich, und wir können sie tun, weil wir nach Gottes Bild geschaffen sind.«

Lebenslauf

1927

Geboren als Josef Alois Ratzinger am Karsamstag, *16. April,* um 4.15 Uhr in Marktl am Inn/Oberbayern, Landkreis Altötting, Bistum Passau, getauft um 8.30 Uhr desselben Tages. Seine Eltern sind der Gendarmeriemeister Josef Ratzinger (* 6. März 1877, † 25. August 1959) und die Bäckerstochter Maria Ratzinger, geb. Peintner (* 8. Januar 1884, † 16. Dezember 1963). Er ist das dritte Kind der Familie, nach Maria Theogona (* 7. Dezember 1921, † 2. November 1991) und Georg Ratzinger (* 15. Januar 1924).

Das Geburtshaus von Joseph Ratzinger in Marktl am Inn. Die Aufnahme dürfte etwa um die Zeit seiner Geburt im Jahr 1927 entstanden sein.

1929 – 1942

11. Juli 1929: Umzug der Familie nach Tittmoning an der Salzach. *5. Dezember 1932:* Umzug nach Aschau am Inn, Einschulung in die Volksschule, Empfang der Erstkommunion. *April 1937:* Pensionierung des Vaters, gleichzeitig Umzug in das eigene Heim in Hufschlag bei Traunstein, ein ehemaliges Bauernhaus (erbaut 1726). Hufschlag wird »unsere wahre Heimat«, Joseph Ratzinger lebte hier von 1937 bis 1950. *1937:* Aufnahme in das Gymnasium Traunstein (Zeugnisvermerk der 7. Klasse: »übermütig«). *16. April 1939:* Eintritt in das Erzbischöfliche Studienseminar St. Michael in Traunstein. Mit dem 14. Geburtstag ab *1941* Zwangseingliederung in die Hitlerjugend. *1942* wird das Internat zu einem Lazarett umgewandelt, die Schüler kommen nach Hause oder in Ausweichquartiere.

1943 – 1945

Von *August 1943 bis September 1944* ist Joseph Ratzinger Flakhelfer; erster Einsatzort nach dem Einführungslehrgang ist eine Flakbatterie in Unterföhring bei München, danach eine Großbatterie in Ludwigsfeld zur Verteidigung des BMW-Werkes (gleichzeitig Besuch des Kurfürst-Max-Gymnasiums in München); ab *Februar 1944* Einsatz in Gilching bei München; im *Herbst 1944* für zwei Monate Reichsarbeitsdienst im österreichischen Burgenland, anschließend Rückkehr nach Traunstein. *13. Dezember 1944:* Einberufung in die »1. Schützen-Ausbildungskompanie des Grenadier-Ersatz- und Ausbildungs-Bataillons 179«. Im *Februar 1945* wegen einer Blutvergiftung teils vom Dienst entbunden. *Mai 1945:* Flucht aus der Wehrmachtskaserne. *Mai bis 19. Juli* amerikanische Kriegsgefangenschaft in einem Lager bei Ulm.

1946 – 1951

Frühjahr 1946 bis Sommer 1947: Studium der Philosophie an der Philosophisch-Theologischen Hochschule Freising. Anschließend Theologiestudium an der Universität München. *Spätherbst 1950 bis Juni 1951:* Alumnat auf dem Freisinger Domberg zur Vorbereitung auf die Priesterweihe.

1951

29. Juni: gemeinsame Priesterweihe mit seinem Bruder Georg im Freisinger Dom durch Michael Kardinal Faulhaber. Ihre Primiz feiern die beiden Brüder anschließend am *8. Juli* in Traunstein, eine eigene Nachprimiz am *30. Juli* in Rimsting am Chiemsee, dem Heimatort der Mutter. Ab *1. Juli:* Aushilfspriester in München-Moosach (Pfarrei St. Martin); ab *1. August:* Kaplan in München-Bogenhausen (Pfarrei Heilig Blut).

1952

1. Oktober 1952 bis 1954: Dozent am Freisinger Priesterseminar. Vorlesungen, seelsorgliche Mithilfe am Freisinger Dom und in den Freisinger Kirchen. Vorbereitung der Promotion an der Universität München.

1953 – 1957

1953: Promotion bei dem Fundamentaltheologen Gottlieb Söhngen zum Dr. theol. an der Universität München (Thema: »Volk und Haus Gottes in Augustins Lehre von der Kirche«). Ab *Wintersemester 1953/54* Vertretung des Lehrstuhls für Dogmatik und Fundamentaltheologie an der Philosophisch-Theologischen Hochschule in Freising. Wohnung mit den Eltern im sogenannten Lerchenfeldhof auf dem Domberg 26. Vorbereitung der

Habilitation. *1957:* Habilitation an der Universität München im Fach Fundamentaltheologie mit dem Thema »Die Geschichtstheologie des heiligen Bonaventura«; ein erster Anlauf zur Habilitation war am Widerstand des Dogmatikers Michael Schmaus gescheitert.

1958 – 1959

1. Januar 1958: Ernennung zum außerordentlichen Professor für Dogmatik und Fundamentaltheologie an der Phil.-Theol. Hochschule in Freising (heute Teil der Ludwig-Maximilians-Universtität München).

1959 – 1963

Ordinarius für Fundamentaltheologie an der Universität Bonn. Seine Antrittsvorlesung hält Ratzinger über das Thema »Der Gott des Glaubens und der Gott der Philosophie«. Im *August 1959* Tod des Vaters in Traunstein.

1962 – 1965

Berater des Kölner Kardinals Joseph Frings und offizieller Konzilstheologe (Peritus) des Zweiten Vatikanums. Mitglied der Glaubenskommission der deutschen Bischöfe und der Internationalen päpstlichen Theologenkommission in Rom. Ein für Kardinal Frings verfasster Vortrag wird zur Brandrede des Konzils und macht Ratzinger schlagartig bekannt.

1963 – 1966

Ordinarius für Dogmatik und Dogmengeschichte an der Universität Münster, Antrittsvorlesung über das Thema »Offenbarung und Überlieferung«. Im *Dezember 1963* Tod der Mutter.

1966 – 1969

Ratzinger forscht und lehrt als Ordinarius für Dogmatik und Dogmengeschichte an der Katholisch-Theologischen Fakultät der Universität Tübingen. *1968* erscheint Ratzingers *Einführung in das Christentum,* die sich zu einem Klassiker entwickelt. Als Dekan verfolgt Ratzinger die Studentenproteste zunächst mit Sympathie, später mit Abscheu; Probleme mit den eigenen Schülern hat er nach eigenen Aussagen nicht.

1969 – 1977

Ratzinger folgt einem Ruf als Ordinarius für Dogmatik und Dogmengeschichte an die Universität Regensburg. Ausschlaggebend ist die unruhige Arbeitssituation in Tübingen, aber auch das Motiv der »Familienzusammenführung« und das »Heimweh« von Schwester Maria. Bruder Georg leitet in der Stadt inzwischen als Domkapellmeister den weltberühmten Knabenchor »Regensburger Domspatzen«. Ratzinger baut ein Haus im Vorort Pentling, *1976* wird er Vizepräsident der Universität.

Joseph Kardinal Ratzinger im Gespräch mit dem Theologen Karl Rahner. Das Foto entstand am 4. März 1979 in München.

1977

25. März: Ernennung zum Erzbischof von München und Freising als Nachfolger des verstorbenen Julius Kardinal Döpfner durch Papst Paul VI. *28. Mai:* Bischofsweihe in München durch den Bischof von Würzburg, Josef Stangl. Sein Bischofsmotto lautet: »Cooperatores veritatis«, Mitarbeiter der Wahrheit (nach 3 Joh 8). In sein Wappen nimmt er den traditionellen »Freisinger Mohren« und den Bären des heiligen Korbinian mit dem Packsattel auf und als erster Bischof von München auch ein drittes Element, eine Muschel. *29. Juni:* Ernennung zum Kardinal. Engagement als Honorarprofessor an der Universität Regensburg.

1978

6. August: Tod von Papst Paul VI. mit anschließendem Konklave. *28. September:* Tod von Papst Johannes Paul I. (dem sogenannten Dreiunddreißig-Tage-Papst). Aus dem Konklave tritt am *16. Oktober* Karol Wojtyla, Erzbischof von Krakau, als Papst Johannes Paul II. hervor. Ratzinger nahm an beiden Konklaven teil und hat Wojtyla maßgeblich unterstützt.

1981

25. November: Ernennung durch Papst Johannes Paul II. zum Präfekten der Kongregation für die Glaubenslehre, zum Präsidenten der Päpstlichen Bibelkommission und der Internationalen Theologenkommission.

1982

28. Februar: Abschied als Erzbischof von München und Freising. Gleich nach dem Amtsantritt als Präfekt in Rom beginnt eine Auseinandersetzung mit der lateinamerikanischen »Theologie der Befreiung« und einem ihrer Protagonisten, dem Franziskaner Leonardo Boff. Thema ist Boffs Position, die Kirche habe es im Verständnis des historischen Jesus nicht gegeben. Ratzinger fordert Boff auf, seine Thesen zu überdenken und ein Jahr lang weder zu publizieren noch sich öffentlich zu äußern.

1984–1992

1984: Mitglied der Kongregation für die Heiligsprechung. *1986 bis 1992:* Leiter der Päpstlichen Kommission zur Erstellung des »Katechismus der Katholischen Kirche« (KKK). *1991:* Im September erleidet Ratzinger einen Schlaganfall und muss für einen Monat ins Krankenhaus. Am *2. November* Tod von Schwester Maria, die ihrem Bruder 34 Jahre lang in Büro und Haushalt gedient hatte.

1992

Sturz während des Sommerurlaubs im Badezimmer, Ratzinger erleidet eine Kopfverletzung, die mit zehn Stichen genäht werden muss. Erhebung zum Kardinalbischof der suburbikarischen Diözese Velletri-Segni durch Papst Johannes Paul II. Als Präfekt der Glaubenskongregation wird Ratzinger in der Öffentlichkeit vielfach kritisiert wegen seiner ablehnenden Haltung zu Priesterehen, Priesterschaft für Frauen, Gleichstellung homosexueller Partnerschaften mit Ehen, Empfängnisverhütung, Abtreibung (»Kultur des Todes«), Reproduktionsmedizin und pluralistischen Ansätzen in der Kirche. Sein zentrales Anliegen sei, betont er, die Glaubenswahrheiten der Kirche unverändert zu überliefern. Federführend treibt er den ökumenischen Dialog und die Aussöhnung mit dem Judentum voran, für die er die theologischen Grundlagen schafft. Erstmals lässt er die Archive der römischen Inquisition für Forschungszwecke öffnen.

1996

Auf Bitten des Papstes, der ein Entlassungsgesuch ablehnt, Verlängerung der Amtszeit als Präfekt der Glaubenskongregation. Veröffentlichung des Interview-Bestsellers *Salz der Erde,* der eine Wende in der öffentlichen Bewertung Ratzingers einleitet und in 24 Sprachen übersetzt wird.

1997

Die rot-grüne Rathausmehrheit in München verweigert dem früheren Bischof der Stadt die Ehrenbürgerwürde, danach ernennt ihn seine Geburtsgemeinde Marktl am Inn zum Ehrenbürger, was Joseph Ratzinger dankbar annimmt.

Bei einer Pressekonferenz im Vatikan am 12. Dezember 1992 stellt der Präfekt den neuen Katechismus der katholischen Kirche vor.

1998

Bestätigung der Wahl zum Vizedekan des Kardinalskollegiums am 9. November 1998 durch Papst Johannes Paul II.

1999

Ratzinger unterzeichnet die »Gemeinsame Erklärung zur Rechtfertigungslehre« zwischen katholischer Kirche und Lutherischem Weltbund, die er federführend vorangetrieben hatte.

2000

Veröffentlichung der Erklärung »Dominus Iesus«, eines Dokumentes über die Einzigartigkeit der Menschwerdung Gottes in Jesus Christus und die besondere Stellung der katholischen Kirche gegenüber allen anderen christlichen Glaubensgemeinschaften.

2002

Im April bittet der Präfekt erneut um seine Entlassung, Papst Johannes Paul II. lehnt erneut ab. Wahl zum Dekan des Kardinalskollegiums, damit auch zum Leiter des Verfahrens im Falle des Todes des Papstes und des nachfolgenden Konklaves. Teilnahme am Weltgebetstreffen in Assisi mit Vertretern aller Weltreligionen, das er als »wichtiges Zeichen für den Frieden« wertet.

2005

2. April: Tod von Johannes Paul II. *8. April:* Joseph Kardinal Ratzinger leitet die Begräbnisfeierlichkeiten für den verstorbenen Papst. *18. April:* Beginn des Konklaves mit Einzug der 115 Kardinäle in die Sixtinische Kapelle.

19. April: Wahl Joseph Ratzingers nach 26 Stunden Konklave im dritten Wahlgang zum 265. Papst der katholischen Kirche. Er gibt sich den Namen Benedikt XVI., nach eigener Aussage im Gedenken an den Ordensgründer Benedikt von Nursia, Patron Europas, aber auch an seinen Namensvorgänger Benedikt XV. (Pontifikat 1914–1922), der aufgrund seiner Friedensinitiativen im Ersten Weltkrieg als »Friedenspapst« bezeichnet wurde. Benedikt XVI. ist der erste Deutsche als Papst seit Hadrian VI. vor 482 Jahren. Als erster Papst der Neuzeit verzichtet er im Wappen auf die Tiara, Zeichen weltlicher Macht, die er durch eine Mitra, die Bischofsmütze, ersetzen lässt. Bislang ungewöhnlich für einen Pontifex übernimmt er alle Motive seines erzbischöflichen Wappens. Erstmals wird in ein Papstwappen auch ein Pallium (Schulterband) aufgenommen, in Anlehnung an die Tradition der ungeteilten Kirche vor dem morgenländischen Schisma von 1054. Die Muschel im päpstlichen Wappen bezieht sich auf eine Legende um den Kirchenlehrer Augustinus (354–430) und symbolisiert das unergründliche Meer der göttlichen Weisheit. Zudem gilt sie als Symbol des II. Vatikanischen Konzils – Zeichen für das »pilgernde Gottesvolk«.

24. April: feierliche Amtseinführung auf dem Petersplatz. *29. Mai:* Die erste Reise des neuen Papstes führt zum Eucharistischen Kongress in Bari/Italien. *28. Juni:* Veröffentlichung des Kompendiums der katholischen Lehre. *August:* Besuch beim Weltjugendtag in Köln, dabei besucht mit Benedikt XVI. erstmals ein Papst eine deutsche Synagoge. *Oktober:* Weltbischofssynode in Rom. *24. September:* Empfang für den Theologen Hans Küng, dem der Vatikan 1979 die kirchliche Lehrbefugnis entzog.

2006

25. Januar: Veröffentlichung der Enzyklika *Deus caritas est,* »Gott ist Liebe«; Abschaffung des Titels »Patriarch des Abendlandes«, einer von neun Namen in der weit über tausend Jahre alten Titulatur des Papstes. *11. März:* Beginn einer Kurienreform mit der Zusammenlegung mehrerer päpstlicher Räte. *25.–28. Mai:* Pilgerreise nach Polen mit einem Besuch des Konzentrationslagers Auschwitz. *22. Juni:* Ernennung von Kardinal Tarcisio Bertone, Erzbischof von Genua, zum Kardinalstaatssekretär als Nachfolger von Angelo Sodano. *8.–9. Juli:* Reise zum Weltfamilientag in Valencia/Spanien. *9.–14. September:* Heimatbesuch in Bayern.

Benedikt XVI. ist Mitglied beziehungsweise korrespondierendes Mitglied mehrerer wissenschaftlicher Akademien in Europa, Ehrendoktor von acht Hochschulen und Ehrenbürger der Gemeinden Pentling (1987), Marktl (1997), Traunstein, Altötting und Regensburg (2006). Er erhielt unzählige Auszeichnungen, vom Karl-Valentin-Orden einer Münchener Faschingsgesellschaft über das Große Verdienstkreuz der Bundesrepublik Deutschland mit Stern und Schulterband, mehrere Literaturpreise bis hin zur Ernennung zum Kommandeur der Ehrenlegion durch den französischen Staatspräsidenten. Seine Publikationsliste umfasst über 600 Titel, er ist Autor von rund 130 Büchern.

Papst Benedikt XVI. steht am 11. September 2006 vor der neu aufgestellten Benedikt-Säule in Marktl.

Ehrendoktorate: 1984: College of St. Thomas in St. Paul/Minnesota: Verleihung des Ehrendoktors of Humane Letters. 1985: Ehrendoktor der Katholischen Universität Eichstätt. 1986: Ehrendoktor der Katholischen Universität Lima. 1988: Ehrendoktor der Katholischen Universität Lublin. 1998: Ehrendoktor der Katholischen Universität von Navarra in Pamplona. 1999: Ehrendoktor in Rechtswissenschaft der Freien Universität »Maria SS. Assunta« (LUMSA) in Rom. 2000: Ehrendoktor der Theologischen Fakultät der Universität Wroclaw (Breslau).

Mitgliedschaften: 1964–1967: Ordentliches Mitglied der Rheinisch-Westfälischen Akademie der Wissenschaften, seit 1966 Korrespondierendes Mitglied. 1966: Mitglied der Académie des Sciences Religieuses, Brüssel. 1991: Ordentliches Mitglied der Europäischen Akademie für Wissenschaften und Künste, Abteilung Theologie, in Salzburg. 1992: Membre Associé Etranger der Académie des Sciences Morales et Politiques de l'Institut de France, Paris. 2000: Berufung als Ehrenmitglied in die Päpstliche Akademie der Wissenschaften durch Papst Johannes Paul II.

Bildnachweis

Der Verlag hat sich nach Kräften bemüht, alle Inhaber von Bildrechten ausfindig zu machen. Für versehentlich nicht oder falsch angegebene Quellen bitten wir bereits im Voraus um Entschuldigung. Die Rechtehalter werden gebeten, mit dem Verlag Kontakt aufzunehmen (Adresse siehe Impressum). Selbstverständlich sind wir gerne zu einer Nachhonorierung bereit. Den Bildnachweis werden wir in eventuellen zukünftigen Auflagen des Buches entsprechend korrigieren.

9: Max Rossi/Reuters/Corbis
10: Kai Pfaffenbach/Reuters/Corbis
11: Gamma
12: Paolo Cocco/AFP/Getty Images
13: Mario Laporta/AFP/Getty Images
14: Johannes Simon/ddp
15: AP Photo/Mary Altaffer
16/17: Maurizio Marucci
18: Patrick Hertzog/AFP/Getty Images
19: Dario Pignatelli/Polaris
20: Servizio Fotografico de L'Osservatore Romano
21: Max Rossi/Reuters/Corbis
22: Alberto Pizzoli/Polaris
23: Gianni Giansanti
24: Radek Pietruszka/epa/dpa
25: AP Photo/Andrew Medichini
26: Vandeville Eric/Gamma
27: Catholicpressphoto/Pool
28: Pool/Getty Images
29: Catholicpressphoto/Pool
30: Alessandra Benedetti/Corbis
31: Alessandra Benedetti/Corbis
32: Alessandra Benedetti/Corbis
33: dpa/epa/Maurizio Brambatti
34: Gnoni-Press/Masi
35: Grzegorz Galazka
36: Tony Gentile/Reuters/Corbis
37: Grzegorz Galazka
38: Wolfgang Rattay/Reuters/Corbis
39: Laszlo Balogh/Reuters/Corbis
40: Vincenzo Pinto/AFP/Getty Images
41: Alberto Pizzoli/Polaris
42: Max Rossi/Reuters/Corbis
43: Andreas Solaro/AFP/Getty Images
44: Servizio Fotografico de L'Osservatore Romano
45: Gianni Giansanti
55: Getty Images/HO
56/57: Facelly/Sipa
58: Archiv Walter (beide)
59: Archiv Nußbaum
60: Archiv Nußbaum
61: Archiv Walter
62: Getty Images/HO
63: Archiv Walter
64/65: Getty Images/HO
66: Archiv Weigl/Therese Voggenthaler
67: KNA-Bild
68: Stadtarchiv Traunstein
69: Sipa
70: Archiv Strehhuber
71: Archiv Strehhuber
72: Loop-Film
73: Corbis/Stringer
85: Archiv Strehhuber
86: Erzbischöfliches Archiv München
87: Archiv Klein
88: Archiv Walter
89: Archiv Walter
90/91: Archiv Dr. Berger
92: Archiv Dr. Berger
93: Archiv Dr. Berger
94: Stadtarchiv Traunstein/Oswald Kettenberger
95: Stadtarchiv Traunstein/Oswald Kettenberger
96: Stadtarchiv Traunstein/Gustl Tögel
97: Stadtarchiv Traunstein/Oswald Kettenberger
98: Archiv Pfarrei Heilig Blut/Heiderich
99: Archiv Pfarrei Heilig Blut
100: Archiv Pfarrei Heilig Blut
101: Erzbischöfliches Archiv München
113: KNA-Bild
114: Corbis/Stringer
115: KNA-Bild
116/117: David Lees/Corbis
118: dpa/privat
119: KNA-Bild
120: Mittelbayerische Zeitung/Horst Hanske
131: Erzbischöfliches Archiv München
132: ullstein/Hampel
133: Sammy Minkoff
134: Gnoni-Press
135: Erzbischöfliches Archiv München
136: Erzbischöfliches Archiv München/Klaus Chwalczyk, Neuried
137: Erzbischöfliches Archiv München
138: Erzbischöfliches Archiv München/Münchner Kirchenzeitung (Gustl Tögel)
139: Erzbischöfliches Archiv München/Karl Wagner, München
140: Erzbischöfliches Archiv München
141: Erzbischöfliches Archiv München/ Rita Strothjohann, München
142: Erzbischöfliches Archiv München
143: Erzbischöfliches Archiv München
144: Erzbischöfliches Archiv München
145: Erzbischöfliches Archiv München/KNA-Bild
146: Erzbischöfliches Archiv München/KNA-Bild
147: Erzbischöfliches Archiv München/Foto Keiner, München
157: SV-Bilderdienst/Neuwirth F.
158: Erzbischöfliches Archiv München/Fred Schöllhorn, Augsburg
159: Erzbischöfliches Archiv München/L'Osservatore Romano
160: Erzbischöfliches Archiv München/Fred Schöllhorn, Augsburg
161: Bettmann/Corbis
162: Servizio Fotografico de L'Osservatore Romano
163: Erzbischöfliches Archiv München (beide)
164: Grzegorz Galazka
165: Catholicpressphoto
166: Dr. Anne Richardi-Strehler
167: Augusto Casasoli/A3/Contrasto/laif
168: Grzegorz Galazka
169: Grzegorz Galazka
170: Origlia Franco/Corbis Sygma
171: Gianni Giansanti/Corbis
172: Sestini Agency/Gamma
173: Karsten de Riese/Agentur Focus
174: James Hill/Contact Press Images/laif
175: Alberto Pizzoli/Polaris
176: AP Photo/Pier Paolo Cito
177: Vandeville Eric/Gamma
178: Peter Macdiarmid/Getty Images
179: Max Rossi/Reuters/Corbis
191: Patrick Hertzog/AFP/Getty Images
192: Maurizio Marucci
193: Barbara Davidson/Dallas Morning News/Corbis
194: Giuseppe Cacace/Getty Images
195: Mario Tama/Getty Images
196: Alessia Giuliani/Catholicpressphoto
197: Servizio Fotografico de L'Osservatore Romano
198: Tony Gentile/AFP/Getty Images
199: Servizio Fotografico de L'Osservatore Romano
200: Thomas Coex/AFP/Getty Images
201: Arturo Mari/AFP/Getty Images
202: Johannes Simon/ddp
203: Alessandra Benedetti
204: Alberto Pizzoli/Polaris
205: Gianni Giansanti
206: Alessandra Benedetti/Corbis
207: Alessandra Benedetti
208: Arturo Mari/AFP/Getty Images
209: Grzegorz Galazka
210: Alberto Pizzoli/Polaris
211: Galazka/Sipa
212: Vatican Pool/Immaginazione/Corbis
213: Vatican Pool/Immaginazione/Corbis
214: Alessia Giuliani/Catholicpressphoto
215: Gnoni-Press/Masi
216: Alessandra Benedetti
217: Tony Gentile/Reuters/Corbis
218: Pier Paolo Cito/AFP/ddp
219: Marco Di Lauro/Getty Images
220: Servizio Fotografico de L'Osservatore Romano
221: AP Photo/Diether Endlicher
222: Katarina Stoltz/Reuters/Corbis
223: Katharina Ebel/KNA-Bild
224: Grzegorz Galazka
225: Jochen Luebke/ddp
226: Oliver Lang/ddp
227: Jochen Luebke/ddp
236: Sipa/Facelly
237: Katholische Akademie in Bayern/Gerd Pfeiffer
238: Anticoli Livio/Gamma
239: Michael Urban/ddp